Rainer Matthias Holm-Hadulla

Die kreative Bewältigung von Verzweiflung, Hass und Gewalt

verstehen lernen

Rainer Matthias Holm-Hadulla

Die kreative Bewältigung von Verzweiflung, Hass und Gewalt

Was wir von Madonna, Mick Jagger und Co. lernen können

Psychosozial-Verlag

Bibliografische Information der Deutschen Nationalbibliothek
Die Deutsche Nationalbibliothek verzeichnet diese Publikation in der Deutschen Nationalbibliografie; detaillierte bibliografische Daten sind im Internet über http://dnb.d-nb.de abrufbar.

Originalausgabe

E-Mail: info@psychosozial-verlag.de
www.psychosozial-verlag.de

Umschlaggestaltung: Götz Gramlich, www.gggrafik.de
Innenlayout nach Entwürfen von Hanspeter Ludwig, Wetzlar
ISBN 978-3-8379-3247-8 (Print)
ISBN 978-3-8379-7968-8 (E-Book-PDF)

Inhalt

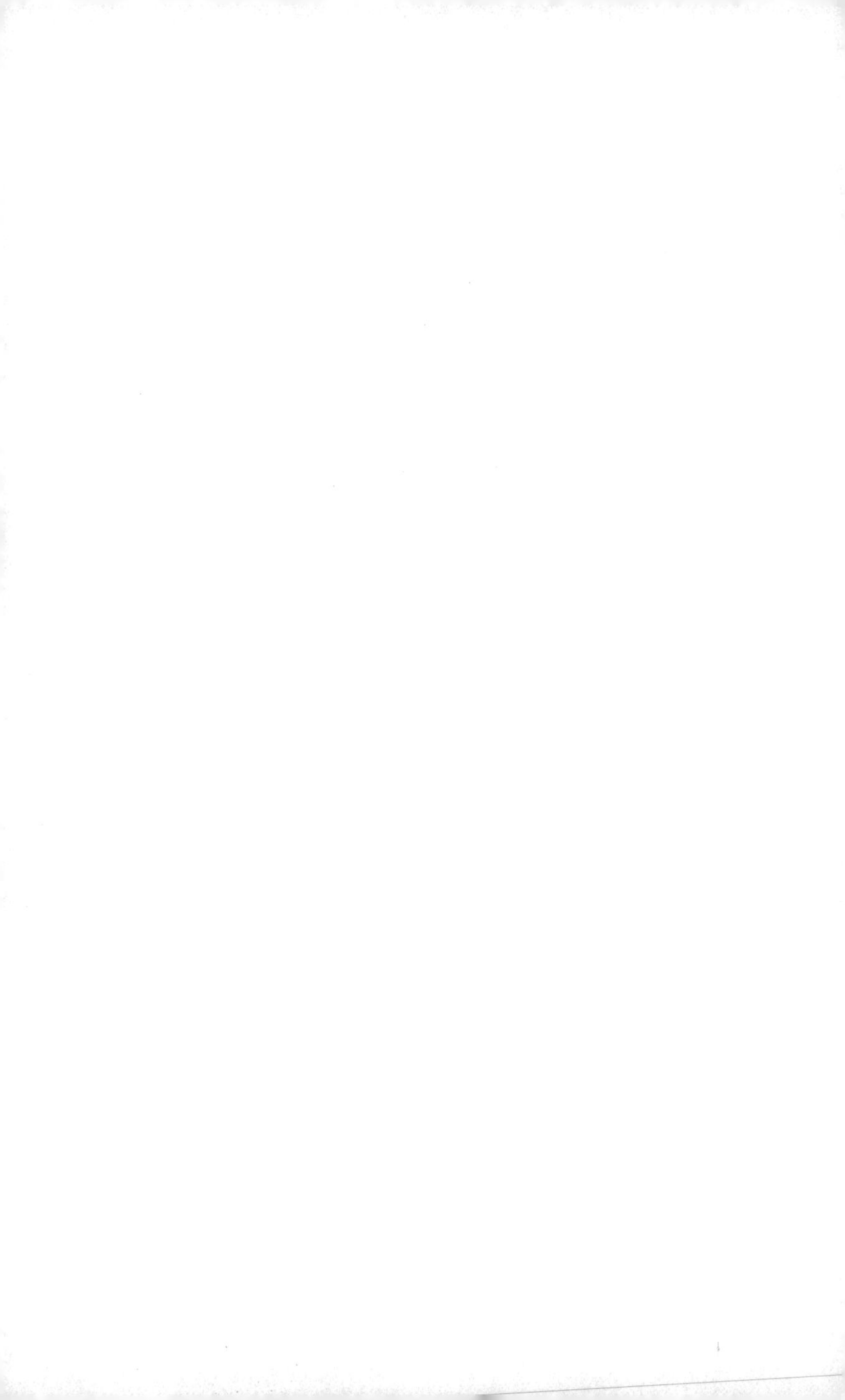

Everything hurts […]
Thus while hate cannot be terminated
It can *be transformed*
Into a love that lets us live.

Amanda Gorman,
Hymn for the Hurting,
in *The New York Times*, 27. Mai 2022

Vorwort

Der in der Ukraine entfesselte Krieg und die endlos erscheinenden Kriege in anderen Weltregionen verleihen diesem Buch eine verstörende Aktualität. Kriege und die damit verbundenen menschlichen Katastrophen machen besonders deutlich, dass es lebensnotwendig ist, sich mit Verzweiflung, Hass und Gewalt auseinanderzusetzen. Dieser Aufgabe begegnen wir immer wieder, sie ist Bestandteil unseres persönlichen und politischen Lebens, ob wir wollen oder nicht. Dabei erscheint die kreative Verwandlung von Destruktivität als unsere einzige Chance, menschliches Zerstörungspotenzial zu bewältigen.

Die allgemeinen Grundlagen menschlicher Kreativität schildere ich im ersten Teil dieses Buches und illustriere sie mit Beispielen aus der Kulturgeschichte. Dabei dienen die »Großen Fünf der Kreativität« – Begabung, Können, Motivation, Widerstandsfähigkeit, Umgebungsbedingungen – als Leitfaden. Deren Zusammenspiel konnte ich im Rahmen von Forschungsprojekten untersuchen und in der Beratung von kreativ Tätigen praktisch anwenden. Entsprechende Referenzen finden sich im Literaturverzeichnis. Im zweiten Teil zeige ich an Leben und Werk von einflussreichen Popstars, wie die kreative Bewältigung von Verzweiflung, Hass und Gewalt gelingen, aber auch misslingen kann. Im dritten Teil ziehe ich Konsequenzen für eine kreative Lebensführung.

Kreativität – ein Lebenselixier

Kreativität ist ein Lebenselixier, das leider nicht immer leicht zu haben ist. Auch wenn Ratgeber einfache Wege zur Kreativität versprechen, ist eine kreative Lebensführung immer mit anstrengenden Suchbewegungen und Zerreißproben verbunden. Diese beginnen mit der Geburt und begleiten uns bis zum Lebensende. Wie wir aus individuellen und sozialen Krisen kreative Impulse gewinnen werden können, zeigt dieses Buch anhand der Biografien und Werke von außergewöhnlichen Persönlichkeiten und einflussreichen Popstars. Dabei werden wir einem grundlegenden Wechselspiel von konstruktiven und destruktiven Kräften begegnen, das in Natur und Kultur wirksam ist. Traditionelle Mythen und moderne wissenschaftliche Erkenntnisse enthüllen die Fallstricke des Schöpferischen. Sie zeigen, wie kreative Aktivitäten bedroht sind von Missmut und Verzweiflung, die in Hass und Gewalt umschlagen können. Kulturelle Erfahrungen und wissenschaftliche Einsichten lassen aber auch Perspektiven aufscheinen, wie es möglich ist, menschliches Destruktionspotenzial schöpferisch zu gestalten und in konstruktive Bahnen zu leiten.

Es hat sich eingebürgert, Kreativität als Erschaffung neuer und brauchbarer Formen zu definieren. Damit ist sie bei genauer Betrachtung eine wesentliche Eigenschaft alles Lebendigen. Sie kann damit wie die Intelligenz schon einfachen Organismen zugeschrieben werden. Menschliche Kreativität hingegen ist ein komplexes natürliches und kulturelles Phänomen, das von einzelnen Spezialwissenschaften nur bruchstückhaft erklärt werden kann. Sie ist zwar gebunden an bestimmte biologische und psychologische Bedingungen, emanzipiert sich jedoch von diesen durch die Erschaffung von Formen, die sich aus diesen Bedingungen nicht ableiten lassen. So lässt sich die Wirkung eines Musikstücks, eines Gemäldes, einer wissenschaftlichen Erkenntnis, eines Produkts für den Alltag oder einer poetischen Begegnung nicht aus seinen biologischen oder psychologischen Grundlagen ableiten. Nur durch die interdisziplinäre Verbindung von natur-, sozial und kulturwissenschaftlichen Perspektiven mit lebensweltlichen Erfahrungen lässt sich Kreativität verstehen. Dabei stößt man immer wieder auf ein fundamentales Wechselspiel von Ordnung und Chaos, Konstruktion und Dekonstruktion, struktureller Verfestigung und dynamischer Verflüssigung.

Einleitend sei der Unterschied von alltäglicher und außergewöhnlicher Kreativität betont. Es ist keine metaphorische Übertreibung zu sagen, dass schon Säuglinge ihre Welt »komponieren«. Sie verarbeiten aktiv, wenn auch unbewusst, Reize aus dem Köperinneren und aus der Umgebung. Dabei gestalten sie eine immer wieder neue und einzigartige Innen- und Außenwelt. Diese primäre Kreativität bleibt, wenn keine sehr schweren Erkrankungen auftreten, bis ans Ende des Lebens erhalten. Sie ist auch notwendig, denn selbst sehr alte Menschen müssen ihr Leben führen, d. h. kreativ gestalten.

Im Unterschied zur primären oder alltäglichen Kreativität führt die außergewöhnliche Kreativität zu Erkenntnissen und Produkten, die auch für andere von besonderer Bedeutung sind. Dass etwas außergewöhnlich bedeutsam, nützlich und neu oder gar »genial« ist, wird häufig erst nach langer Zeit und manchmal auch erst posthum anerkannt.

Die »Großen Fünf« der Kreativität

In Anlehnung an die von Mihály Csíkszentmihályi (1996) und Mark Runco (2014) zusammengefasste Kreativitätsforschung lassen sich folgende Grundlagen der Kreativität definieren: Begabung und Talent (1), Wissen und Können (2), Motivation und Disziplin (3), Reizoffenheit und Widerstandsfähigkeit (4), fördernde und fordernde Umgebungsbedingungen (5). Diese fünf Dimensionen sind eng miteinander verflochten. Begabungen und Talente werden nur fruchtbar, wenn sie sich in geeigneten Umgebungsbedingungen verwirklichen lassen. Wissen und Können führen nur zu neuen und brauchbaren Werken, wenn sie motiviert und energisch angewandt werden. Dazu bedarf es Persönlichkeiten, die hinreichend offen, aber auch widerstandsfähig sind, um Unbekanntes zu entdecken und Bekanntes weiterzuentwickeln.

Zum Verständnis der Grundlagen und Erscheinungsformen der Kreativität sind biografische Studien unerlässlich. Empirisch-statistische Untersuchungen machen nur einzelne Aspekte der Kreativität verständlich, wie zum Beispiel die Fähigkeit zum assoziativen Denken. Schon bei der Bewertung kreativer Produkte stößt die neurowissenschaftliche und psychologische Forschung an ihre Grenzen. Sie können die Originalität und Brauchbarkeit eines mathematischen Beweises, einer naturwissenschaftlichen Entdeckung, eines Gedichts oder eines Songs nicht erfassen. Sie sind auf die Bewertungskriterien der einzelnen Wissenschafts- und Lebensbereiche angewiesen. Ein so komplexes Phänomen wie Kreativität ist ohne historische und lebenspraktische Erfahrungen nicht zu erforschen.

Begabung

Als Einstieg, um die Bedeutung von Begabungen fur kreative Prozesse zu verstehen, eignet sich die Theorie der multiplen Intelligenzen von Howard Gardner (1983). In Anlehnung an Gardner können wir mindestens acht Dimensionen unterscheiden: logisch-mathematisch, naturwissenschaftlich, sprachlich, musikalisch, motorisch, räumlich-konstruktiv, intrapersonell (z.B. Empathiefähigkeit) und interpersonell (z. B. soziale Resonanz- und Kommunikationsfähigkeit). Als neunte Dimension wird in den letzten Jahren auch von der empirischen Psychologie eine komplexere Form von Intelligenz beachtet, die man unter dem Begriff ›Weisheit‹ zusammenfassen kann (s. Holm-Hadulla, 2021). Die genannten Begabungen kommen selten bis nie isoliert vor, sondern sind auf jeweils sehr individuelle Weise miteinander verflochten. Dennoch existieren Begabungsschwerpunkte, deren Kenntnis für die Kreativitätsförderung wichtig sein kann.

Als eindrucksvollstes Beispiel einer musikalischen Hochbegabung ragt immer noch Wolfgang Amadeus Mozart (1756–1791) heraus. Mit fünf Jahren komponierte er bereits ein erstes Menuett *(KV1)* und trat als Pianist auf. Mit sechs Jahren wurde er in Wien der Kaiserin Maria Theresia vorgestellt und beeindruckte die Hofgesellschaft durch sein solistisches Spiel am Cembalo. Zwischen seinem siebten und zehnten Lebensjahr bereiste er, von Salzburg kommend, samt Mutter, Vater und Schwester Deutschland, die Niederlande, England und Frankreich, später mit dem Vater allein mehrfach Italien, um als musikalisches Wunderkind an verschiedenen Höfen in einem Jahr das 50-fache seines Vaters zu verdienen, der als Hofmusiker in Salzburg tätig war (s. Melograni, 2005).

Doch auch Mozart konnte sich nur entfalten, weil die anderen Faktoren der »Großen Fünf« hinzukamen: Wissen und Können, Motivation und Disziplin, Reizoffenheit und Widerstandsfähigkeit sowie fördernde und fordernde Umgebungsbedingungen. Dank der hingebungsvollen Unterweisung durch den Vater erwarb sich Mozart schon früh ein außergewöhnliches musikalisches Wissen und Können. Hinzu kam eine breite kulturelle Bildung.

In seinem hochmusikalischen Milieu entwickelte sich gleichfalls in frühester Kindheit eine Motivation zum Musizieren, die mit beständigem Üben und Arbeiten einherging. Oft wird übersehen, dass Mozart wie alle anderen Kreativen den »Kuss der

Musen« nur empfangen konnte, weil er seine Begabungen diszipliniert ausbildete. Dabei halfen sich scheinbar wiedersprechende Persönlichkeitseigenschaften wie Offenheit und Originalität im Zusammenspiel mit Konzentrationsfähigkeit und Hartnäckigkeit. Ebenso wichtig wie die gerade genannten Faktoren waren fördernde und fordernde Umgebungsbedingungen: eine Mutter, die ihm Zuwendung und Liebe schenkte, ein gleichfalls zugewandter, aber auch ehrgeiziger Vater, der seinen Sohn akribisch zum Üben anhielt, und eine inspirierende Schwester.

Doch sein Leben war alles andere als eitler Sonnenschein. Mozarts Kindheit war überschattet durch den Tod von fünf Geschwistern, die seine Mutter und sein Vater vor seiner Geburt verloren hatten. Krankheit und Tod bedrohten ihn und seine Familie immer wieder. Seine großen Kunstwerke, allen voran die Opern *Don Giovanni* und *Die Zauberflöte* sowie sein *Requiem*, sind dramatische Auseinandersetzungen mit Angst, Verzweiflung und Tod. Es gelang Mozart auf einzigartige Weise, die dunklen Seiten des Lebens in Schönheit und Lebensfreude zu verwandeln.

Als Beispiel für Mozarts kreative Transformation von Verzweiflung, Hass und Gewalt möchte ich hier auf *Die Zauberflöte* näher eingehen. Darin drängt die hasserfüllte und rachsüchtige Königin der Nacht ihre Tochter Pamina zur Ermordung ihres Widersachers Sarastro. Andernfalls werde sie ihre Tochter verstoßen:

> Der Hölle Rache kocht in meinem Herzen,
> Tod und Verzweiflung flammet um mich her!
> Fühlt nicht durch dich Sarastro Todesschmerzen,
> So bist du meine Tochter nimmermehr!

Durch Text und Musik werden Wut und Zorn in eine kulturelle Form gebannt, die zu einem humanistischen Weltethos führen sollten. Sarastro beantwortet die hasserfüllte Verzweiflung der Königin der Nacht mit liebevoller kultureller Pflichterfüllung:

In diesen heil'gen Hallen
Kennt man die Rache nicht,
Und ist ein Mensch gefallen,
Führt Liebe ihn zur Pflicht.
Dann wandelt er an Freundes Hand
Vergnügt und froh ins bess're Land.

Als zweites Beispiel zur Bedeutung kreativer Begabungen wähle ich eine Persönlichkeit aus einer gänzlich anderen Domäne und Epoche: Marie Curie (1867–1934). Ihr mathematisches und naturwissenschaftliches Talent zeigte sich schon in der Schulzeit. Sie absolvierte ihr Abitur mit 15 Jahren als Klassenbeste. Doch wie im Bereich der Naturwissenschaften üblich, dauerte es Jahrzehnte, bis sie etwas Neues und Außergewöhnliches leisten konnte. Wie wir im Kapitel über den kreativen Prozess noch sehen werden, braucht es in den meisten wissenschaftlichen Domänen im Gegensatz zur Kunst lange Zeit, bis sich nach vielen Jahren des Wissenserwerbs und repetitiver Labortätigkeit neue Ideen in einer Theorie, einer Entdeckung oder einer Erfindung materialisieren.

So ist auch Marie Curie einen langen Weg gegangen, bis sie ihre Begabungen realisieren konnte. Dabei kam ihr schon in Kindheit und Jugend sichtbares Interesse an physikalischen Zusammenhängen zu Hilfe. Sie fand schon als Schülerin und anschließend als Hauslehrerin im Forschen und Erkennen einen wesentlichen Lebensinhalt, ein Ziel in sich selbst, das in der Kreativitätsforschung als »autotelisch« bezeichnet wird. All dies wäre aber unfruchtbar geblieben, wenn sie nicht auch fördernde und fordernde Umgebungsbedingungen gefunden hätte. Angefangen mit ihren Eltern war sie während ihres gesamten Lebens immer von Personen umgeben, die ihre Begabungen, ihr Wissen und Können, ihre Interessen und ihre Persönlichkeit unterstützten (s. Curie, 1983).

Allerdings war auch ihr Leben überschattet von traurigen Ereignissen und schweren Entbehrungen. Bei ihrer Mutter manifestierte sich in Maries früher Kindheit eine Tuberkulose, die sie zu einem distanzierten Umgang mit ihrer Tochter zwang. Dennoch verband Marie mit ihrer Mutter, die zeitweise als Lehrerin in einer Mädchenschule arbeitete, eine tiefe Liebe. Sie nahm begierig die intellektuellen Anregungen und Unterweisungen ihrer Mutter auf. Noch mehr verband sie eine innige geistige Gemeinschaft mit ihrem Vater, auch weil die Mutter in Maries zehntem Lebensjahr verstarb. Ihr Vater war ein erfolgreicher Lehrer, der wie die gesamte polnische Bevölkerung sehr unter der russischen Herrschaft und der damit einhergehenden Gängelung und Entwertung litt. So förderte er nach Kräften Marie und ihre vier Geschwister trotz schwieriger Lebensumstände. Ein Studium im Ausland konnte er ihr aber nicht finanzieren und in Polen konnten Frauen damals nicht studieren.

So musste Marie als Hauslehrerin ihren Lebensunterhalt bestreiten und auch Geld erwerben, damit ihre Schwester Bronia in Paris studieren konnte. Nachdem diese in Paris ihr Studium abgeschlossen hatte und mit einem Kollegen zusammengezogen war, konnte sich auch Marie 1891 in Paris an der damals schon führenden Sorbonne-Universität für Physik einschreiben. Hier fand sie Lehrer, die sie begeisterten, und erhielt aufgrund ihrer Leistungen ein Stipendium, das ihr das weitere Studium ermöglichte. Schließlich traf sie 1894 mit Pierre Curie zusammen, der in der Lehre tätig war und ein Labor leitete. Mit ihm entwickelte sich eine produktive Zusammenarbeit und schließlich eine partnerschaftliche Liebe. Sie heirateten 1895 und bildeten ein außergewöhnlich erfolgreiches Forscherpaar, das schließlich 1903, gemeinsam mit Henri Becquerel, mit dem Nobelpreis für Physik ausgezeichnet wurde.

Auch nach dieser Ehrung und Schicksalsschlägen wie dem Tod ihres Mannes blieb Marie Curie eine hingebungsvolle Forscherin und setzte ihre Disziplin und ihre Widerstandsfähigkeit ein, um ihre Ideen experimentell zu beweisen. Daneben zeigte sie auch ein bemerkenswertes soziales Engagement, zum Beispiel bei der Behandlung von Kriegsverletzen im Ersten Weltkrieg und als langjähriges Ratsmitglied im Völkerbund.

Wie in den Wissenschaften üblich, war sie während ihrer gesamten Laufbahn auf finanzielle und ideelle Unterstützung angewiesen. Sie zeigte genügend Frustrationstoleranz und Resilienz, um immer wieder Mittel zur Fortführung ihrer Experimente, insbesondere mit dem sehr teuren Radium, einzuwerben. Mit einer außergewöhnlichen Kombination von Begabung, Wissen, Motivation, Widerstandfähigkeit und geeigneten Umgebungsbedingungen war sie die erste Person, die mit dem Nobelpreis für Chemie 1911 einen zweiten Nobelpreis erhielt.

Wissen und Können

Die Bedeutung der »Großen Fünf« ist in den unterschiedlichen Domänen auch vom Alter abhängig. Zwar können in keiner Domäne ohne Wissen und Können neue Werke erschaffen werden, doch sind zum Beispiel mathematische Höchstleistungen, die weniger Kenntnisse benötigen als kulturwissenschaftliche Meisterwerke, schon in der Jugend möglich. Auch für Gedichte und Popsongs reichen der in Kindheit und Jugend erworbene Wortschatz und die musikalischen Fertigkeiten aus, um schon in früher Jugend originelle Texte und mitreißende Songs zu schreiben. Dementsprechend haben die im zweiten Teil dieses Buchs beschriebenen Popikonen ihre wirkmächtigsten Lieder zumeist gegen Ende ihrer Jugendzeit und im frühen Erwachsenenalter erschaffen.

Komplexere kulturelle Werke benötigen demgegenüber viel Wissen und Erfahrung. Selbst das bereits beschriebene Jahrtausend-Genie Mozart benötigte 30 Jahre unermüdlichen musikalischen Lernens, Übens und Weitereinwickelns, um so bedeutende Werke wie *Don Giovanni* und *Die Zauberflöte* sowie sein *Requiem* erschaffen zu können. Die Spätwerke Bachs, Wagners und Verdis, Goethes und Michelangelos sind weitere eindrucksvolle Beispiele für künstlerische Innovationen, die in hohem Alter zustande kamen. Johann Wolfgang von Goethe beendete die großartige Bergschluchtenszene am Ende des *Faust II* in seinem 80. Lebensjahr, nachdem er fast 60 Jahre an seinem »inneren Märchen« gearbeitet hatte. Hier fließen poetische, wissenschaftliche, philosophische, theologische und existenzielle Erfahrungen in einer Komplexität zusammen, deren Gestaltung jüngeren Menschen schwer möglich ist. Und doch leben auch solche großen Alterswerke von einer zeitlos erscheinenden Bewältigung von schon in der Jugend erfahrener Verzweiflung, die auch den jungen Goethe in den Abgrund des Selbstmords schauen ließ. Wenn der alternde Goethe schrieb, »Das Ewig-Weibliche / Zieht uns hinan«, dann drückte er die Hoffnung aus, dass wir letztlich Verzweiflung, Hass und Gewalt kreativ bewältigen können (s. Holm-Hadulla, 2019a). So schrieb er fünf Tage vor seinem Tod an seinen Freund Wilhelm von Humboldt: »Verwirrende Lehre zu verwirrtem Handeln waltet über die Welt, und ich habe nichts angelegentlicher zu tun als dasjenige was an mir ist und geblieben ist wo möglich zu steigern« (Goethe, HA-Briefe, S. 481).

Auch der schon früh berühmt gewordene Pablo Picasso (1881–1973) ist beispielhaft für außergewöhnliche kreative Entwicklungen im Alter. Picasso wurde wie Mozart schon in früher Kindheit als Naturbegabung angesehen. Mit seinen originellen Zeichnungen übertraf er bald seinen Vater Ruiz, der als Kunstmaler ausgebildet war. Schon im frühen Erwachsenalter erwarb sich Pablo den Ruf als Revolutionär der Malerei des frühen 20. Jahrhunderts. Erst nachdem das schockierte Erstaunen, das seine Kunstwerke bereiteten, einer ruhigeren Bewunderung gewichen war, wurde deutlich, wie viel künstlerische Bildung und malerisches Können in seinen Werken enthalten sind. Es wurde bekannt, dass er jahrelang alte Meister kopiert hatte. In seiner Frühphase, in der er das Publikum mit originellen Gemälden seiner »Blauen Periode« beeindruckte, griff er detailliert auf traditionelle Farb- und Formgebung zurück, besonders diejenige von El Greco. Später stellte er immer wieder mythische Themen und aktuelle politische Ereignisse mithilfe konventioneller Maltechniken und deren kreativer Weiterentwicklung künstlerisch dar.

Unermüdlich widmete er sich verschiedensten Ausdrucksformen, von altiberischen Skulpturen bis zu surrealistischen Darstellungen der Pariser Moderne. Er dekonstruierte traditionelle Formen, um sie in neuer Gestalt weiterleben zu lassen. Dabei zeigte sich Picasso gleichermaßen offen für Neues wie sorgsam für Überliefertes. Seine spontane Gestaltungsfreude wechselte mit disziplinierter Arbeitswut. Er erschien, mitunter in raschem Wechsel, extrovertiert und introvertiert, reizoffen und zurückgezogen, kommunikativ und eigensinnig, ausgelassen und diszipliniert. Bis ins hohe Alter bewältigte er widerstreitende Gefühle und Stimmungen durch seine künstlerische Arbeit. Dabei setzte er sich mit den großen Themen unserer Existenz auseinander. Verzweiflung war ein großes Thema seiner »Blauen Periode«, angefangen mit dem Gemälde *Das Begräbnis des Casagemas* (1901). Später geriet die künstlerische Bewältigung von Hass und Gewalt in den Vordergrund und schließlich die Auseinandersetzung mit dem Tod.

Oft konfrontierte sich Picasso mit dem zerstörerischen Weltgeschehen, zum Beispiel mit *Guernica* (1937), und schuf auch Gemälde, mit denen er traditionelle Formen zerstörte, um sie in neuer Gestalt wieder aufleben zu lassen. Eine eindrucksvolle Auseinandersetzung mit Hass und Gewalt und wohl auch mit seiner eigenen sexualisierten Aggressionsneigung findet sich in seinen Minotaurusgemälden, besonders eindrucksvoll in *Dora und der Minotaurus* (1936). Wenig später bannte er in *Stillleben mit Kerze, Palette und rotem Minotauruskopf* (1938) den rot erregten Minotauruskopf auf eine Stele. Fragend blickt der gebändigte Minotaurus die Betrachter*innen des Bildes an, als ob er nach friedlich besänftigender Anerkennung suche. All dies angesichts der existenziellen Gestaltungsaufgabe – die Palette und der leere Bilderrahmen – und der Endlichkeit allen Bemühens, symbolisiert durch die niederbrennende Kerze, dem klassischen Vanitas-Symbol.

Bis ins hohe Alter arbeitete Picasso an seinen künstlerischen Ausdrucksmitteln, um sich, wie Goethe sagen würde, »noch zu steigern«. Um das 90. Lebensjahr malte er beindruckende und erschütternde Selbstbildnisse, die von Todesängsten geprägt sind. Dennoch blieb er kreativ mit seiner Kindheit und Jugendzeit verbunden, zum Beispiel mit dem im Jahr vor seinem Tod erschaffenen Gemälde *Der junge Maler* (s. Gohr, 2006). Wir werden später noch sehen, wie sich Mick Jagger und die Rolling Stones über 60 Jahre in ihren melancholischen Bluesballaden und aggressiven Rocksongs mit Verzweiflung, Hass und Gewalt auseinandersetzen.

Interesse und Motivation

Die kreative Begeisterung wird in der modernen Forschung auch »intrinsisches Interesse« genannt. Sie ist häufig stiller und langatmiger als man dies vom »Kuss der Musen« erwarten möchte. Als Beispiel soll hier der Staatsmann, Wissenschaftler und Dichter Johann Wolfgang von Goethe genauer betrachtet werden. Sein mühevoller Wissenserwerb und seine langwierigen Studien, oft depressiven Verstimmungen abgerungen, werden häufig durch die Illusion des leichtlebigen Genies verdeckt. Dabei zeigt sich schon in seinen ersten Gedichten wie den *Oden an Behrisch*, dem frühen Roman *Die Leiden des jungen Werther* und dem ersten Teil der *Faust*-Tragödie bis zu seinen Spätwerken wie der todessehnsüchtigen *Marienbader Elegie* und dem letzten Akt des *Faust II*, dass sie zum größeren Teil unter Leiden und Schmerzen geboren wurden. Seine Motivation, Außergewöhnliches zu leisten, und sein Interesse, sich das dazu notwendige Wissen und Können anzueignen, waren gespeist aus seinem Mut, den Schattenseiten der menschlichen Existenz – Verzweiflung, Hass und Gewalt – kreativ zu begegnen.

Schon seine Geburt war schwierig, der kleine Johann Wolfgang wurde für tot gehalten und erst nach Belebungsversuchen von

Hebamme und Großvater soll er begonnen haben zu atmen. Wir wissen heute aus psychologischen und neurobiologischen Studien, dass solche Ereignisse Spuren hinterlassen. Einzelheiten zu Goethes Biografie im Lichte literaturwissenschaftlicher, psychoanalytischer und biologischer Erkenntnisse finden sich in meinem Buch *Leidenschaft: Goethes Weg zur Kreativität* (2019a). Hier möchte ich nur darauf aufmerksam machen, dass Goethes Kindheit auch nach der schwierigen Geburt vom Tod überschattet war. Seine Mutter Katharina Elisabeth gebar nach seiner 15 Monate jüngeren Schwester Cornelia noch weitere fünf Kinder, die ihre Kindheit nicht überlebten. Am ältesten wurde Hermann Jakob, der, in seinem siebten Lebensjahr verstarb. Der zehnjährige Johann Wolfgang schien keine Träne zu vergießen:

> »[D]a die Mutter nun später den Trotzigen fragte, ob er den Bruder nicht lieb gehabt habe, lief er in seine Kammer, brachte unter dem Bett hervor eine Menge Papiere, die mit Lektionen und Geschichtchen beschrieben waren, er sagte ihr, daß er dies alles gemacht habe, um es dem Bruder zu lehren« (von Arnim, 1835, S. 379).

Dies ist ein frühes Beispiel, wie Goethe an Kummer und Leid nicht verzweifelte, sondern versuchte, schmerzliche Ereignisse durch Lernen und kreative Tätigkeit zu bewältigen. Auch seine zahlreichen Kinderkrankheiten einschließlich einer ernsthaften Pockenerkrankung vermehrten, wie er rückblickend in seiner Autobiografie *Dichtung und Wahrheit* festhielt, seinen Hang zum Nachdenken und seine Übungen im Ausdauern, »um das Peinliche der Ungeduld von mir zu entfernen« (Goethe, HA 9, S. 37).

Goethes gesamtes Leben ist gekennzeichnet von seinem Bemühen, leidvolle Ereignisse und Enttäuschungen durch politische, wissenschaftliche und poetische Arbeit zu bewältigen. Dazu erwarb er sich umfangreiche kulturelle und wissenschaftliche Kenntnisse. In dem schon zitierten Brief an Wilhelm von Humboldt schrieb er in hohem Alter, dass er sich die »Geheimnisse des Lebens« vergegenwärtigt und hofft, »dasjenige was an mir ist und geblieben ist wo möglich zu steigern«. Aus meiner Sicht handelt es sich bei besagtem Brief um ein berührendes und ermutigendes Dokument, die Existenz durch geistige Arbeit zu vertiefen. Goethes Ermutigung, Leiden und Leidenschaft schöpferisch in Kunst zu verwandeln, findet sich wunderschön zusammengefasst in seinem Gedicht *Aussöhnung*. Er hat es unmittelbar nach der Liebesenttäuschung durch Ulrike von Levetzow als 73-Jähriger geschrieben (Goethe, HA 1, S. 385f.):

> Die Leidenschaft bringt Leiden! – Wer beschwichtigt
> Beklommnes Herz, das allzuviel verloren?
> Wo sind die Stunden, überschnell verflüchtigt?
> Vergebens war das Schönste dir erkoren!
> Trüb' ist der Geist, verworren das Beginnen;
> Die hehre Welt, wie schwindet sie den Sinnen!
>
> Da schwebt hervor Musik mit Engelsschwingen,
> Verflicht zu Millionen Tön' um Töne,
> Des Menschen durch und durch zu dringen,
> Zu überfüllen ihn mit ew'ger Schöne:
> Das Auge netzt sich, fühlt im höhern Sehnen
> Den Götterwert der Töne wie der Tränen.
>
> Und so das Herz erleichtert merkt behende,
> Daß es noch lebt und schlägt und möchte schlagen,
> Zum reinsten Dank der überreichen Spende
> Sich selbst erwidernd willig darzutragen.
> Da fühlte sich – o daß es ewig bliebe! –
> Das Doppelglück der Töne wie der Liebe.

Von Goethe kann man lernen, dass motivierte und interessierte Arbeit nicht nur der Bewältigung von Leid und Lebensnot dient, sondern auch einer »gesteigerten Lebensfreude«. Aber auch dazu sind, wenn wir Goethe folgen mögen, Disziplin und Durchhaltevermögen sowie die Auseinandersetzung mit Verzweiflung, Hass und Gewalt notwendig. Um sich selbst angesichts eines Übermaßes an administrativen und politischen Verpflichtungen in seinen ersten Weimarer Jahren zu trösten, hielt er in seinem Tagebuch fest: »Lasse uns von Morgen zum Abend das gehörige thun und gebe uns klare Begriffe von den Folgen der Dinge« (Goethe, FA 29, S. 184).

Persönlichkeitseigenschaften

Biografische Analysen zeigen bei kreativen Persönlichkeiten immer wieder eine Mischung von verletzlicher Empfindsamkeit und hartnäckiger Widerstandsfähigkeit, labiler Gestimmtheit und stabiler Arbeitsfähigkeit, sozialer Bezogenheit und eigensinnigem Rückzug. Die Persönlichkeitspsychologie fasst diese polar sich gegenüberstehenden Eigenschaften und Verhaltensweisen unter den »Big Five« der Persönlichkeit zusammen (z. B. Widiger & Crego, 2019):

1. Instabilität – Stabilität
2. Extraversion – Introversion
3. Offenheit – Eigensinnigkeit
4. Anpassungsbereitschaft *(agreeableness)* – Widerständigkeit *(antagonism)*
5. Impulsivität – Diszipliniertheit (Resilienz)

Diese Eigenschaften treten häufig in raschem Wechsel in Erscheinung. Wenn sie extrem und situationsinadäquat ausgeprägt sind, können sie psychische Störungen anzeigen. Bei kreativen Persönlichkeiten finden wir hingegen häufig eine besondere Fähigkeit, die »Polarität« von Persönlichkeitseigenschaften zuzulassen und je nach Erfordernis zu nutzen.

Mozart ist für solch eine kreative Nutzung unterschiedlicher Persönlichkeitseigenschaften ein Paradebeispiel. Er konnte sich emotionalen Erschütterungen überlassen und eine gewisse Instabilität in künstlerische Arbeit verwandeln. Dabei zeigte er schon als Kind eine erstaunliche Stabilität, die ihm ermöglichte, diszipliniert und ausdauernd zu lernen und zu arbeiten. Seine bedeutenden Spätwerke wie *Don Giovanni*, *Die Zauberflöte* und *Requiem* sind Dokumente dafür, wie im Zustand seelischer Labilisierung eine kreative Persönlichkeit zu einer schöpferischen Stabilität, einer Art von »höherer Gesundheit«, wie Nietzsche sagen würde, finden kann. Ähnlich ist es mit den anderen Persönlichkeitseigenschaften. Mozart konnte sowohl extrovertiert als auch introvertiert, offen für Neues und eigensinnig seine Inspirationen umsetzend sein. Er verhielt sich häufig freundlich und zugänglich und doch gelegentlich widerspenstig und eigensinnig. Ungehemmte Gefühlsäußerungen und spontane Heiterkeit wechselten mit disziplinierter Arbeit.

Auch bei Goethe finden wir ein bemerkenswertes Zusammenspiel der geschilderten Persönlichkeitseigenschaften. Beim Lernen und später bei seinen politischen und wissenschaftlichen Tätigkeiten erwies er sich als ungewöhnlich geduldig und stabil. In Zeiten poetischer Kreativität wirkte er jedoch emotional labil, ja mitunter verzweifelt. Die ersten bedeutenden Gedichte, wie die *Oden an Behrisch*, schrieb der 18-Jährige, nachdem er von seiner geliebten Käthchen Schönkopf zurückgewiesen worden war und sich in seinem Schmerz mit Selbsttötungsgedanken befasste. *Die Leiden des jungen Werther* entstanden, nachdem er erneut eine schwere Liebesenttäuschung erlitten hatte und sich für fast anderthalb Jahre in sein Elternhaus zurückzog. In einem Wechselbad von Gefühlen beschäftigte er sich mit den dunklen und existenziellen Seiten des Menschseins und schrieb nach dieser langen kreativen Inkubationsphase den Briefroman, der ihn weltberühmt machen sollte. Er selbst meinte dadurch den »Klauen des Todes« entronnen zu sein.

Demgegenüber zeigte er sich in seinen ersten Weimarer Jahren vom 26. bis zum 36. Lebensjahr und nach seiner Italienreise weitgehend stabil. Dazu trug seine politische und administrative Tätigkeit wesentlich bei. Er meinte, dass der »Druck der alltäglichen Geschäfte« der Seele ganz guttue, sie »spiele dann umso freier«. Allerdings inszenierte er gleichzeitig mit Charlotte von Stein eine aufwühlende Beziehung, die ihn emotional labilisierte und die seinen poetischen Aspirationen Nahrung gab. Auch jenseits des 40. Lebensjahrs bewältigte er bis ins hohe Alter diszipliniert und geordnet ein ganz ungewöhnliches Arbeitspensum. Dabei kam ihm auch zugute, dass er die anderen Eigenschaften der »Big Five« der Persönlichkeitspsychologie ausbalancieren konnte: ein gutes Gleichwicht zwischen Extroversion und Introversion, Offenheit und Eigensinnigkeit, Anpassungsbereitschaft und Widerständigkeit, Impulsivität und Disziplin.

Interessant und lehrreich ist, wie Goethe die unterschiedlichen Aspekte seiner Persönlichkeit je nach Tätigkeit kreativ ins Spiel bringen konnte. Als im Alter von 73 Jahren seine poetische Schaffenskraft angesichts seiner emotional stabilen und sozial wohlgeordneten Lebensführung für lange erloschen schien, stürzte er sich in ein Liebesabenteuer, das sein Leben buchstäblich auf den Kopf zu stellen schien. Die Verliebtheit in Ulrike von Levetzow erscheint aus meiner Sicht als halb bewusste Inszenierung einer emotionalen Erschütterung, die ihn seinen poetischen Wurzeln wieder näherbrachte. Es entstand das wunderbare Gedicht *An Werther*, in dem er sich an sein Alter-Ego Werther erinnert, der durch seine Selbsttötung »vorausgegangen« sei und dadurch »nicht viel verloren« habe. In der *Elegie* stürzte er sich geradezu ins Chaos der Gefühle: »Mir ist das All, ich bin mir selbst verloren, / Der ich noch erst den Göttern Liebling war« (Goethe, HA 1, S. 381).

Emotionale Erschütterung, Reizoffenheit und Impulsivität können aber erst zur Kunst werden, wenn sie durch deren Gegenspieler Stabilität, Konzentration und Disziplin ins Werk gesetzt werden kann. Dies hat Shakespeare in *Ein Sommernachtstraum*, 5. Aufzug, 1 Szene, wunderbar zusammengefasst:

> Verliebten und Verrückten kocht das Hirn,
> Die Phantasie treibt Blüten, fabuliert
> Mehr als ein klarer Kopf verstehen kann.
> [...]
> Und wie die Phantasie Ideen ausgebiert
> Von unbekannten Dingen, bannt der Stift
> Des Dichters sie in Formen ein und gibt
> Luftigem Nichts in Worten ein Zuhause.

Ich werde darauf zurückkommen, dass je nach Phase des kreativen Prozesses, also ob man sich zum Beispiel in der Phase der Ideenfindung und Inspiration oder in der Phase der Ausarbeitung und Realisation befindet, unterschiedliche Persönlichkeitseigenschaften ins Spiel kommen.

Clara Schumann (1819–1896) soll als ein weiteres Beispiel dafür dienen, wie Stabilität und Instabilität, Extraversion und Introversion, Offenheit und Eigensinnigkeit, Anpassungsbereitschaft und Widerspenstigkeit, Impulsivität und Diszipliniertheit zusammenwirken. Von frühester Kindheit an wurde sie von ihrem Vater Friedrich Wieck im wahrsten Sinne des Wortes gedrillt. Er richtete seinen ganzen persönlichen, geschäftlichen und künstlerischen Ehrgeiz auf seine erstgeborene Tochter. Die von seiner ersten Frau Mariane geborenen weiteren drei Kinder, allesamt Jungen, interessierten ihn kaum. Er meinte, Mädchen seien leichter formbar, und erkannte auch die außergewöhnliche Begabung seiner Tochter. Mariane Wieck trennte sich kurz nach der Geburt ihres vierten Kindes von ihrem Mann, zog in ihren Heimatort zurück und musste die fünfjährige Clara gänzlich in der Obhut des Vaters zurücklassen (s. Knechtges-Obrecht, 2019).

Ihre schwierige Kindheit, sie musste sicher viele Auseinandersetzungen der Eltern und schließlich die Trennung von ihrer

Mutter hinnehmen, hinderten Clara nicht, mit außergewöhnlicher Disziplin ihre musikalische Begabung auszubilden und eine umfangreiche Bildung zu erwerben. Begabung, Wissen und Können, Motivation und Disziplin sowie eine gelungene Mischung aus Reizoffenheit und Eigensinn, Anpassungsbereitschaft und Widerständigkeit erlaubten ihr, sich zur bekanntesten Pianistin ihres Jahrhunderts zu entwickeln. Sie schrieb über 10.000 Briefe, anhand derer sich ihr künstlerisches Leben nachvollziehen lässt (s. Litzmann, 2019). Als hervorstechende Persönlichkeitseigenschaften finden sich hier und in den Berichten von Zeitgenoss*innen eine außergewöhnliche Mischung aus liebevoller Sensibilität, Offenheit und Empfindsamkeit bei gleichzeitig strenger Disziplin, Zielorientierung und Widerstandsfähigkeit, d. h. Resilienz.

So wurde aus dem vom Vater gedrillten Wunderkind eine eigenständige Musikerin, die ganz Europa begeisterte. Als Mutter von acht Kindern sorgte sie zusätzlich im Alter auch noch für ihre Enkel. Ihre große Liebe zu ihrem Mann Robert war gekennzeichnet von außergewöhnlicher Poesie, Sensibilität und Empfindsamkeit. Gleichzeitig erwies sie sich als ungewöhnlich zielgerichtet und lebenspraktisch. Natürlich gab es auch Schattenseiten, insbesondere nachdem ihr Mann Robert psychisch erkrankte und sie sich kaum um ihn kümmerte (s. Holm-Hadulla, 2017). Auch der Umgang mit ihren Kindern wird von manchen als zu selbstbezogen und eigensinnig angesehen (s. Knechtges-Obrecht, 2019). Wie auch immer dies zu bewerten ist, bewundernswert bleibt, wie hingebungsvoll sich Schumann in äußerst schwierigen Zeiten um ihre große Familie kümmerte und mit welcher poetischen Energie sie gleichzeitig ihre künstlerische Laufbahn gestaltete. Sie selbst resümierte: »Es war schwer, aber die Kunst war mir ja stets die treueste Gefährtin«. Und die Kunst diente ihr schließlich, um schwierige Situationen zu überwinden, in denen sie zu verzweifeln drohte.

Auch Picasso ist ein hervorragendes Beispiel für das Wechselspiel von scheinbar gegensätzlichen Persönlichkeitszügen und Verhaltensweisen. Je nach Phase des künstlerischen Prozesses zeigte er einen interessanten Wechsel zwischen Extraversion und Introversion. Er konnte unterhaltsam und sozial sein bis zur Abhängigkeit von Liebesbezeugungen. Während seiner Arbeitsphasen war er in der Lage in sich zu kehren und konnte auf Störungen durch persönliche Kontakte höchst unwirsch reagieren. Ähnlich verhielt er sich auch in Bezug auf Offenheit und Eigensinnigkeit. Ungewöhnliches und Neues schien ihn nicht zu irritieren. Andererseits setzte er Anregungen und Inspirationen eigensinnig um. So verhielt er sich mal freundlich und charmant, mal widerständig. Dabei zeigte er im Alltag mitunter eine erhebliche Impulsivität, die auch verletzen konnte. Bei seiner Arbeit war er hingegen meist diszipliniert und resilient.

Im Bereich der Wissenschaften ist wohl Marie Curie das bedeutendste Beispiel für die produktive Nutzung unterschiedlicher Persönlichkeitseigenschaften. Ihre ungewöhnliche Stabilität und Frustrationstoleranz wurden oft beschreiben, zum Beispiel von einer ihrer Töchter (Curie, 1983). Allerdings konnte sie auch psychische, ökonomische und soziale Instabilität ertragen und mit konzentrierter wissenschaftlicher Arbeit bekämpfen. Dabei erschien sie ausgesprochen introvertiert. Doch gab es auch Phasen, in denen sie extravertiert und anderen zugewandt sein konnte. So zeigte sie sich auch Neuem und Ungewöhnlichem offen, um mit bemerkenswertem Eigensinn ihre Ideen in geduldiger Arbeit umzusetzen. Dabei war sie gleichermaßen anpassungsbereit wie widerständig. Impulsivität und emotionale Erregung spielen in der Wissenschaft eine geringere Rolle als in der Kunst. Insofern stehen bei Curie wie bei den meisten Wissenschaftler*innen in ihrem Leben und Wirken Disziplin und Resilienz im Vordergrund.

Fördernde und fordernde Umgebungen

Bei allen bisher genannten Beispielen stechen fördernde und fordernde Umgebungsbedingungen ins Auge. Mozart hatte eine liebevoll zugewandte Mutter und einen musikalisch hochgebildeten und fordernden Vater. Auch seine Schwester war für seine frühe Entwicklung zum Wunderkind von Bedeutung. Allerdings traten auch Widrigkeiten auf. Mozarts Mutter starb früh und der Vater übertrieb mitunter Strenge und Disziplin, sodass es zu schweren Zerwürfnissen kam (s. Melograni, 2005). Diese hemmten jedoch kaum den künstlerischen Tatendrang Mozarts. Auch Krankheiten und entbehrungsreiche Reisen konnten der Entfaltung seiner musikalischen Begabung, seinem fleißigen Erwerb von Wissen und Können, seiner Motivation und seinem Interesse wenig anhaben. Er vertiefte sich in die Musik von Vorgängern wie diejenige von Carl Philipp Emanuel Bach und fand hier einen Resonanzraum für seine Freuden und Leiden.

Wir sehen ähnliche Konstellationen auch bei den anderen erwähnten Persönlichkeiten. So richtete auch Goethes Vater sein ganzes Tun und Trachten auf die Erziehung von Johann Wolfgang und seiner Schwester Cornelia aus. Er betrachtete sich als Privatgelehrten und Hauslehrer, der seine Kinder früh in Musik, Kunst und fremden Sprachen unter Hinzuziehung weiterer Lehrender unterrichtete. Goethe war kein Wunderkind. Selbst seine Frühwerke wie die ersten Gedichte und der *Werther* entstanden auf dem Boden eines umfassenden kulturellen Wissens und Könnens. Dabei spielte auch die einerseits liebevolle und andererseits fordernde Zuwendung seiner Mutter eine große Rolle (s. Holm-Hadulla, 2019a).

Die Entwicklung Goethes zu einem bedeutenden Politiker, akribischen Wissenschaftler und bewunderten Dichter war überschattet von Entbehrungen und Versagungen. Er konnte aber die Anforderungen und die Schattenseiten des alltäglichen und schöpferischen Lebens durch seine künstlerische und lebenspraktische Arbeit bewältigen. Bei ihm kann man sogar auf den Gedanken kommen, dass er Enttäuschungen geradezu inszeniert hat, um sich in Grenzsituationen von Verzweiflung bis in die Nähe des Selbstmords zu versetzen. Beispiele hierfür sind seine aussichtlose Verliebtheit in Charlotte Buff als 22-Jähriger, die zu *Werthers Leiden* führte, und die »amour fou« als 73-Jähriger mit Ulrike von Levetzow, die in der wunderbaren *Marienbader Elegie* ihren schmerzlich Ausdruck findet. Beide Werke verdanken sich der kreativen Transformation von Verzweiflung, die ohne schöpferische Bewältigung bis zur Selbsttötung führen kann. Deswegen muss man aber nicht das Leiden herbeisehnen, um kreativ zu sein. Auch das glücklichste Leben beginnt mit Schmerzen und endet mit Leiden.

Bei Clara Schumann scheinen die fordernden Umgebungsbedingungen die fördernden bei Weitem zu überwiegen. Der überstrenge, pedantische und selbstsüchtige Vater beschnitt alle ihre Freiheiten. Als sie in der Adoleszenz begann, eigene Wege zu gehen, und sich ihrem späteren Mann Robert Schumann zuwandte, verkehrte sich seine pedantische Kontrolle in offene Feindschaft. Er schreckte nicht vor Beleidigungen und Verunglimpfungen sowie Beschädigungen der künstlerischen Laufbahn seiner Tochter zurück. Die aufkeimende Liebe zu Robert Schumann versuchte er jahrelang zu bekämpfen. Dabei ermöglichte diese beiden, Clara und Robert, eine Entwicklung, die allein nicht möglich gewesen wäre. Roberts berühmte »Liederzyklen«, zu denen Clara im Jahr des ersten Eheglücks 1840 wesentlich beitrug, sind ein Zeugnis der gegenseitigen Steigerung.

Auch in familiär glücklichen Zeiten sah sich Clara mit schweren Aufgaben konfrontiert. Sie wollte und musste, zum Teil hochschwanger, konzertieren. Die Reisen waren entbehrungsreich, strapaziös und gefährlich. Man stelle sich vor, mit einer ungefederten Kutsche im Winter durch Eis und Schnee nach Sankt Petersburg zu reisen. Nach etwas über zehnjähriger Ehe machten sich bei ihrem Ehemann Krankheitssymptome bemerkbar, die schließlich zur Einweisung in eine psychiatrische Anstalt führten. Nach der Hospitalisierung ihres Ehemannes musste Clara Schumann ihre acht Kinder allein versorgen und durch entbehrungsreiche Konzertreisen finanziell unterhalten. Mit der schon beschriebenen Widerstandskraft stellte sie sich diesen widrigen Umgebungsbedingungen und fand in der Kunst ein Lebenselixier, das ihr über viele Hindernisse hinweghalf.

Marie Curies Eltern waren beide Lehrende und förderten die intellektuelle Entwicklung ihrer Tochter nach Kräften. Die Möglichkeiten zu einer wissenschaftlichen Tätigkeit waren jedoch für Frauen in dieser Zeit äußerst beschränkt und Curie musste vielfältige Widerstände überwinden, um Begabung, Wissen und Interesse, Motivation und Persönlichkeitseigenschaften fruchtbar werden zu lassen. Wie bereits beschrieben, zeigte sie hierbei bemerkenswerte Widerstandskraft und Durchhaltevermögen.

Ein weiterer günstiger Umstand trug zur kreativen Entwicklung der genannten Persönlichkeiten bei. Sie alle fanden anerkennende Begleiter*innen, bei Mozart wiederum auf ganz außergewöhnliche Weise. Er wurde früh bewundert und mit Geschenken, Preisen und persönlichen Anerkennungen überhäuft. Länger dauerte es bei Goethe, doch nachdem er sein Elternhaus verlassen hatte, fand der 17-Jährige in seinem Freund Ernst Wolfgang Behrisch in Leipzig einen Begleiter, der ihn zum Schreiben anhielt. Es sollten sich später viele Künstler*innen und Arbeitskolleg*innen anschließen, die Goethe Anerkennung zollten und sein Streben nach »Steigerung« unterstützten.

Auch Picasso fand in seiner künstlerischen Aufbruchsphase als 19-Jähriger in Paris eine Künstler*innengemeinde, die ihn beachtete, aber auch mit Leid und Verzweiflung konfrontierte. Sein Freund Carlos Casagemas nahm sich früh das Leben und veranlasste Picasso zu einer künstlerischen Trauerarbeit, die ein wesentliches Motiv seiner »Blauen Periode« war. Curie fand im Studium an der Sorbonne in Paris und dann im Labor ihres späteren Mannes anerkennende Umgebungsbedingungen, die ihr wissenschaftliches Streben fruchtbar werden ließ. Schumann begegnete in der Zeit des Ausbruchs der Erkrankung ihres Mannes dem jungen Johannes Brahms, der sie persönlich unterstützte und ihr die Anerkennung zollte, die sie benötigte, um ihre vielfältigen Anforderungen zu bewältigen. Der Geiger Joseph Joachim und viele weitere Freundschaften kamen hinzu, um Clara Schumanns künstlerischen Lebenskampf anerkennend zu unterstützen.

Das aus der frühen Kindheit stammende und bis ins hohe Alter anhaltende Streben nach Anerkennung war für alle geschilderten Persönlichkeiten elementar. Damit ist nicht die Suche nach oberflächlicher Belobigung gemeint, sondern der existenzielle Wunsch nach emotionaler und intellektueller Resonanz. Dies werden wir anhand von fünf Popidolen im zweiten Hauptkapitel noch näher betrachten.

Der kreative Prozess

Der kreative Prozess lässt sich in fünf Phasen unterteilen: Vorbereitung, Inkubation, Illumination, Realisierung und Verifikation.

Die Vorbereitungsphase beinhaltet den Erwerb des für eine kreative Erneuerung notwendigen Wissens und Könnens. Sie unterscheidet sich in verschiedenen kreativen Domänen erheblich. Ein Gedicht oder einen Popsong kann man schon mit 18 Jahren schreiben. Das sprachliche und auch musikalische Vermögen ist häufig ausreichend, um seinen Emotionen kreativen Ausdruck zu verleihen. Um einen wissenschaftlichen Fortschritt zu erarbeiten, muss man lange studieren und zum Beispiel in einem geeigneten Forschungslabor jahrelang geduldig arbeiten. Künstler*innen können sich früher kreativ ausdrücken, sie laufen allerdings auch eher Gefahr, sich im Feuer spontaner Kreativität zu verbrennen. Wir haben bereits gesehen, dass selbst Mozart eine Vorbereitungsphase benötigte, um seine späten Meisterwerke zu erschaffen. Dies gilt in ähnlicher Weise für Goethe. Auch Schumann musste sich mehr als zehn Jahre musikalisches Wissen und Können erwerben, ehe ihre außergewöhnliche Spielkunst sichtbar werden konnte. Desgleichen übte sich Picasso früh im Zeichnen und Malen, damit er um das 20. Lebensjahr die ersten eigenständigen Werke erschaffen konnte. Im Bereich der Wissenschaften ist die Vorbereitungsphase noch wesentlich länger. Die ersten originellen Ergebnisse konnte Curie erst jenseits des 30. Lebensjahres vorweisen.

In der Inkubationsphase wird das Gelernte einer unbewussten Bearbeitung überlassen. Sie ist häufig mit Spannungen verbunden und es ist verführerisch, sich von quälenden Suchbewegungen, zum Beispiel durch sinnlosen Medienkonsum, ablenken zu lassen. Da die kreative Inkubationsphase von einem ungestörten neuronalen Ruhemodus abhängig ist, sind Medienkompetenz und Resilienz hier besonders wichtig. Die Inkubationsphasen waren bei Mozarts frühen Werken ungewöhnlich kurz. Seine größten Werke reiften aber unterschwellig über Jahrzehnte. So war es auch bei Goethe. Die ersten Gedichte entstanden recht spontan und schon im 17. Lebensjahr. Aber die produktivste dichterische Inkubationsphase, die mit 24 Jahren zur Erschaffung von *Werthers Leiden* führte, dauerte fast eineinhalb Jahre, nachdem er zurückgewiesen worden und scheinbar gebrochenen Herzens in sein Elternhaus nach Frankfurt zurückgekehrt war. Clara Schumann wurde akribisch musikalisch ausgebildet und gestattete sich erst nach ein paar Jahren des Lernens eigene kreative Einfälle. Auch Picassos Talent schlummerte, bis die emotionale Erschütterung durch die Ablösung von Eltern und gewohnter Umgebung sowie den Tod seines Freundes zu einem künstlerischen Durchbruch führten. Noch wesentlich länger dauert die Inkubationsphase im Bereich der Wissenschaften, wie wir an Marie Curie sehen können. Aber auch die wissenschaftlichen Arbeiten Goethes sind keine Jugendwerke, obwohl sie schon in der Studienzeit vorbereitet wurden.

Die Illuminationsphase, die zumeist mit dem »Kuss der Musen« oder dem »Heureka-Erlebnis« assoziiert wird – und häufig überschätzt wird –, gestaltet sich wiederum in Kunst, Wissenschaft und praktischer Lebensgestaltung sehr unterschiedlich. Während die »Erleuchtung« im Bereich der Kunst tatsächlich spontan und plötzlich auftreten kann, ist sie im Bereich der Wissenschaft, Politik und praktischen Lebensgestaltung ein mehr oder weniger kontinuierlicher Prozess. Er umfasst sowohl bewusste Ideenfindung als auch unbewusste Neu-Kombination und Labilisierung von stabilem Wissen und Können. Mit der ständigen Produktion neuer Ideen einher geht die Auswahl der besten und der Verzicht auf die weniger brauchbaren.

Die Ausarbeitung der Einfälle geschieht in der Realisierungsphase. Sie ist zumeist die schwierigste. Wir wissen, dass es erhebliche Resilienz benötigt, um in einen sogenannten »Flow«-Zustand zu geraten. Auch in dieser Phase ist es verführerisch, sich medial ablenken zu lassen. Studien zeigen, dass die Abnahme von kreativen Leistungen in den letzten 20 Jahren mit dysfunktionalem Mediengebrauch korreliert. Außergewöhnlich Kreative sind, oft diskrepant zum öffentlichen Nimbus, zumeist fleißig und diszipliniert. Dies haben wir an so unterschiedlichen Persönlichkeiten wie Mozart, Goethe, Picasso, Clara Schumann und Marie Curie bereits gesehen. Wir werden diesem Aspekt auch bei Madonna, Amy Winehouse, John Lennon, Jim Morrison und Mick Jagger im zweiten Teil dieses Buchs unsere Aufmerksamkeit widmen.

Die letzte Phase des kreativen Prozesses, die Verifikation, bezeichnet die Bewertung und Veröffentlichung des Produkts. Auch sie kann krisenhaft sein, wenn Kreative nicht die Resonanz und Anerkennung finden, die sie benötigen. Mozart schien keine Probleme zu haben, schon als Kind seine Begabung und sein Können zur Schau zu stellen. Goethe benötigte schon die freundliche Unterstützung seiner Schwester und seines Freundes Behrisch, um seine ersten Gedichte zu zeigen. Auch Picasso musste nur anfangs Widerstände überwinden, seine Kunst zu zeigen. Im Gegensatz dazu stellte sich Clara Schumann zeitlebens infrage. Noch in der Zeit, als sie als größte Pianistin in Europa galt, verspürte sie vor ihren Auftritten heftiges Unwohlsein, Ängste und Selbstzweifel. Auch nach außergewöhnlich erfolgreichen Auftritten war sie bis ins hohe Alter oft unzufrieden mit sich selbst. Anders verhält es sich bei Wissenschaftler*innen. Natürlich können auch sie Lampenfieber bei Vorträgen verspüren, aber ihre wissenschaftliche Qualifikation und Verifikation bestätigt sich im Rahmen von Publikationen und Bewertungsverfahren, die zwar zum Beispiel durch lange Wartezeiten sehr unangenehm sein können, aber vergleichsweise weniger spontan und emotional ablaufen.

Neurobiologisch weiß man zum kreativen Prozess heute Folgendes: Embryonen und Säuglinge empfangen beständig Eindrücke aus ihrer Innen- und Außenwelt. Diese Reize werden nicht nur passiv gespeichert, sondern die werdende Persönlichkeit entwickelt sich schon auf der organismischen Ebene in einer dynamischen Interaktion mit der Umwelt. Aus der Säuglingsforschung ist bekannt, wie wichtig für die Entwicklung des Gehirns das Angeschaut- und körperliche Beantwortetwerden sind. Diese frühen Anerkennungsprozesse sind immer nur mehr oder weniger zufriedenstellend. Frustrationen können, wenn sie nicht zu stark ausgeprägt sind, zu kreativen Aktivitäten führen. Ohne neuronale Kohärenz und Konnektivität ist das Überleben nicht möglich. Doch unterliegen auch die kohärenten untereinander verbundenen neuronalen Netzwerke dynamischen Auf- und Abbauprozessen. Im kreativen Prozess werden neuronale Strukturen labilisiert und mit anderen neu kombiniert. Die Dialektik von Konstruktion, Dekonstruktion und Neuformation findet sich auch auf der neuronalen Ebene.

Kreative Ideen, die in der Vorbereitungs-, Inkubations- und Illuminationsphase auftreten, werden erst fruchtbar, wenn sie durch disziplinierte Arbeit ins Werk gesetzt wird. Auch in diesem Punkt unterscheiden sich die kreativen Domänen auf fundamentale Weise. Wir haben gesehen, dass ein Gedicht oder ein Song in kurzer Zeit, getragen von der Gunst des Augenblicks, zu Papier gebracht werden kann. Hier dominiert das emotional-subjektive

Erleben im kreativen Tun. Eine wissenschaftliche Höchstleistung bedarf in der Regel jahrzehntelanger Ausbildung und Vorarbeit, bis eine neue Idee entsteht, die wiederum in jahrelanger mühevoller Arbeit bestätigt werden muss. Es dominiert gegenüber dem Enthusiasmus – oder auch der Melancholie – die objektivierende Konzentration auf die Arbeit. Als Vorteil dieser oft frustrierenden Detailarbeit ergibt sich oft eine größere psychische Stabilität der wissenschaftlich Schreibenden gegenüber den Dichtenden (s. Ludwig, 2018).

Kreative Bewältigungsformen von Verzweiflung, Hass und Gewalt

Es existieren existenzielle Herausforderungen, denen sich Kreative jedweder Domäne und auch wir in unserem Alltag stellen müssen: Gefährdungen durch Verzweiflung, Hass und Gewalt[1]. Mozart setzte sich immer wieder mit diesen Anforderungen auseinander, zum Beispiel in seinen Messen, die den Kreuzigungstod Jesu musikalisch »feiern«. Hier und in seinem *Requiem* transformierte er die Verzweiflung angesichts der Gewalt des Todes in im wahrsten Sinne des Wortes wunderbare Musik. Sie begleitet, tröstet und inspiriert uns bis heute. In *Don Giovanni* zeichnete er einen Charakter, der sich mit Gewalt alles nimmt, was er zu brauchen meint, und dabei nicht vor Vergewaltigung und Mord zurückschreckt. In der scheinbar so abgeklärten und auch heiteren *Zauberflöte* können wir teilhaben an dem ewigen Kampf zwischen Gut und Böse, hellen und dunklen Mächten, und dessen kultureller Transformation.

1 Näheres zu den Erscheinungsformen von depressiven Verstimmungen und Verzweiflung findet sich in *Die vielen Gesichter der Depression* (Holm-Hadulla & Draguhn, 2015). Aggression, Hass und Gewalt werden in *Gefühle machen Politik* (Wirth, 2022) eingehend definiert.

Goethe setzte sich von seinem *Werther*, den er mit 24 Jahren schrieb, bis zum letzten Akt des *Faust II*, den er mit 80 Jahren fertigstellte, mit Verstimmungs- und Verzweiflungszuständen auseinander. Auch die kreative Darstellung von Hass und Gewalt ist ein durchlaufendes Thema bei ihm, am deutlichsten wohl im *Faust*. Im ersten Teil verführt der gelehrte Faust ein Mädchen, lässt ihre Mutter und ihren Bruder töten und wird schuldig an ihrem schmählichen Tod. Im zweiten Teil führt seine Gier nach Größe und Macht zu ökologisch rücksichtsloser Landnahme und als »Kollateralschaden« zur Ermordung von Philemon und Baucis, Verkörperungen friedfertiger Werte. Bis heute setzen wir uns mit der Faust-Gestalt auseinander, den Goethe als »widerwärtigen und abstoßenden« Charakter bezeichnete. Hinter seiner Fassade als Gelehrter und Wahrheitssucher erweist sich Faust als rücksichtlos, hasserfüllt und gewalttätig.

Als Beispiel für die künstlerische Bewältigung von depressiven Verstimmungen und Verzweiflungszuständen mag noch einmal Clara Schumann dienen. Früh in ihrem Leben musste sie ihre Wut und ihre Verzweiflung angesichts der frühen Trennung von der Mutter unterdrücken und sich einem rigiden Vater unterwerfen. Ihre Verstimmungen verwandelte sie mit disziplinierter Arbeit in Musik und fand hierin ihre Erfüllung. Gemeinsam mit ihrem Mann gestaltete sie ihr bedeutendes künstlerisches Leben, bis sie durch dessen psychische Probleme von ihm getrennt wurde. Aber auch auf diesen und andere Schicksalsschläge reagierte sie mit künstlerischer Arbeit, die ihr half, depressive Stimmungen und aggressive Impulse zu bewältigen.

Picasso geriet als 20-jähriger, noch erfolgloser Maler nach der Selbsttötung seines engen Freundes Casagemas in eine Krise und aus seiner Verzweiflung heraus malte er die ersten bedeutenden Gemälde seiner »Blauen Periode«. Die Zerstörung des Ortes Guernica durch die Nazis bearbeitete er mit einer Serie eindrucksvoller Gemälde und die Gewalt des Todes wurde zum zentralen Thema seines Spätwerks.

Im Gegensatz zu den Künstler*innen werden bei Wissenschaftler*innen Verzweiflung, Hass und Gewalt in ihrem Werk nicht explizit dargestellt. Aber auch sie müssen diese Phänomene bewältigen. Marie Curie hatte eine schwierige Kindheit mit einer kranken und mitunter schwer zugänglichen Mutter. Eine Schwester verstarb früh, finanzielle Nöte und die Unterwerfung unter die damalige russische Beherrschung Polens machten das Leben schwer. Eine erste Liebesenttäuschung verstärkte ihre unterschwellige Verzweiflung (Goldsmith, 2005), die aber ihre Begabung und ihren akribischen Fleiß nicht beeinträchtigen konnten. Nachdem sie ihre ersten Entdeckungen gemacht hatte, widmete sie sich medizinischen Anwendungen, auch um das Leid der durch die Gewalt des Krieges beschädigten Soldaten zu lindern. Sie beteiligte sich wie Albert Einstein an Initiativen des Völkerbundes, um Hass und Gewalt zu bekämpfen.

In einer erweiterten kulturellen Perspektive könnte man auch die Beiträge von Philosophen der »Achsenzeit« (Jaspers, 1949; Assmann, 2019) unter dem Gesichtspunkt der Bewältigung von Verzweiflung, Hass und Gewalt betrachten. In unterschiedlichen Kulturräumen sind um 500 v. Chr. Welterklärungsmodelle und Lebensregeln entstanden, die chaotische Gewalt und individuelle Verzweiflung einhegen. Dazu gehören die Schriften der Propheten des Alten Testaments, der Philosophen Konfuzius und Laotse im Alten China, Gautama Buddha in Indien und die vorsokratischen Philosophen im antiken Griechenland. Deren Ideen und Anregungen wirken bis heute nach und werden auch in der Popkultur immer wieder neu aufgegriffen. In den westlichen Kulturen dominieren dabei Themen des Alten Testaments, zum Beispiel bei Leonard Cohen und Jim Morrison. Transformationsrituale des Christentums stehen bei Madonna im Vordergrund. Afrikanische Traditionen der kreativen Bewältigung von Verzweiflung, Hass und Gewalt spielen in Blues und Jazz eine große Rolle.

Wir werden sehen, dass die schöpferische Verwandlung von Depressivität und Aggressivität in der Popkultur ein zentrales Thema ist. Dies soll im folgenden Kapitel gezeigt werden anhand einer Gegenüberstellung von Madonna Ciccone und Amy Winehouse, John Lennon, Mick Jagger und Jim Morrison. Es lohnt sich, ihre Biografien und Werke näher zu betrachten, um das Gelingen und Scheitern schöpferischer Arbeit besser zu verstehen. Enden wird dieses Buch mit Konsequenzen für einen kreativen Lebensstil.

Die schöpferische Verwandlung von Depression und Aggression in der Popkultur

Die kreative Bewältigung von Verzweiflung, Hass und Gewalt ist die wichtigste Aufgabe der Kultur. Allerdings wird Kreativität häufig auch mit dem Mythos von »schöpferischer Zerstörung« in Verbindung gebracht. Der griechische Schöpfergott Kronos, in der lateinischen Welt Saturn genannt, gelangte durch eine Gewalttat an die Macht. Aus den blutenden Körperteilen seines Vaters Uranos entstand Aphrodite, römisch Venus, die Göttin der Schönheit, Liebe und Fruchtbarkeit. Kronos ist bemerkenswerterweise Gott sowohl des Kulturell-Schöpferischen als auch des Melancholisch-Zerstörerischen (Klibansky et al., 1964). Dem Kronos-Mythos folgend werden Hass und Gewalt immer wieder kulturell neu inszeniert, besonders eindrucksvoll in Francisco de Goyas Gemälde *Saturn frisst seine Kinder*. Eine weitere äußerst wirkmächtige künstlerische Auseinandersetzung mit Melancholie und Zerstörungslust, Depression und Aggression ist Richard Wagners Wotan-Gestalt. Es existiert die Auffassung, dass einiges von dem, was Wagner künstlerisch ausgedrückt hat, zum Beispiel die destruktive Verknüpfung von Helden- und Totenkult, von Adolf Hitler in der Realitat inszeniert wurde (Fest, 1973).

Sowohl zeitlich als auch thematisch näher steht uns der Umgang mit Verzweiflung, Hass und Gewalt von berühmten Popstars. Leben und Wirken von Popikonen wie Madonna Ciccone und Amy Winehouse, John Lennon, Jim Morrison und Mick Jagger eignen sich besonders gut, Gelingen und Scheitern kreativer Transformationsarbeit zu beschreiben. Ihre Biografien und ihre kreativen Produktionsweisen sind eingehend dokumentiert und ihre Musik, Texte und Auftritte offenbaren ihre schöpferischen Leistungen, aber auch ihre Grenzen und Niederlagen.

Wir beginnen mit der von vielen als Provokateurin erlebten Madonna Ciccone. Es ist beeindruckend, wie sie Trauer, Verzweiflung und Wut in künstlerische Arbeit und atemberaubenden Erfolg verwandeln kann. Demgegenüber erscheint Amy Winehouse als ein gefallener Engel. Wie Madonna war auch sie sehr talentiert. Es gelang ihr aber nicht ausreichend, Verstimmungen durch kreative Arbeit zu bewältigen. Madonna hatte eine schwierige Kindheit und erlitt viele Versagungen und Enttäuschungen. Sie brachte ihre Ideen aber musikalisch, literarisch und auch politisch zum Ausdruck. Daran scheiterte hingegen Winehouse. Wie Jim Morrison war sie hoch motiviert und von künstlerischem Ausdruckswillen beseelt. Beiden fehlte es jedoch an Widerstandskraft, Verstimmungen, Krisen und Enttäuschungen schöpferisch zu verarbeiten. Ihre Sehnsüchte nach Grenzüberschreitung und Befreiung von sozialen Bindungen, brachten sie zur Verzweiflung und führten letztlich zur Selbstvernichtung. Demgegenüber konnte Mick Jagger seine Verstimmungen und aggressiven Regungen künstlerisch inszenieren und sein Leben bis ins hohe Alter aktiv gestalten.

Am Beispiel der genannten Popikonen werde ich die Bedeutung der »Großen Fünf der Kreativität« beschreiben und ihre Funktion, Depression und Aggression zu bewältigen. Daraus lassen sich praktische Ratschläge ableiten, wie Kreativität von der frühen Kindheit bis ins hohe Alter gefördert werden können.

Madonna Ciccone: Tanzen um zu leben

Madonna verlor ihre Mutter mit fünf Jahren. Die Familie war arm und der Vater brachte seine sechs Kinder nur mit Mühe und übermäßiger Strenge durch. Wie bewältigte das kleine Mädchen ihren Kummer angesichts dieser schwierigen Verhältnisse? Die bedrohlich erkrankte Mutter hatte eine chemotherapeutische Behandlung ihres Brustkrebses abgelehnt, weil sie mit ihrem sechsten Kind schwanger war. Die kleine Madonna Louise verzweifelte aber nicht, sondern begann an sich zu arbeiten. Sie spürte, dass sie stark sein musste, begann zu tanzen und fand Trost in der Musik. In der Schule wurde sie sehr fleißig und in ihrer Pubertät, als Schulfreundinnen sich für Alkohol und Drogen interessierten, blieb sie diszipliniert. Ja, sie intensivierte ihr tänzerisches Training, las viel und eignete sich autodidaktisch musikalische Kenntnisse an (s. O'Brien, 2008).

Innerlich blieb Madonna mit ihrer Mutter verbunden. In *Like a Prayer*, einem ihrer ersten Songs, die sie berühmt machten, schildert sie ergreifend und sehnsüchtig ihre innige Verbundenheit mit ihrer Mutter. Der Song beginnt mit der existenziellen Erfahrung der Einsamkeit: »Jeder muss alleine stehen«[2]. In dieser Situation hilft es der Sängerin, sich an ihre Mutter zu erinnern. Das gibt ihr Kraft und sie fühlt sich geborgen. Sie spricht mit ihrer inneren Mutter und hört ihre Stimme, die einem »seufzenden Engel« gleicht. Die Sängerin fühlt sich durch die Nähe zu ihrer Mutter getröstet und ermutigt, aktiv zu werden, zum Beispiel zu tanzen. Die Musik untermalt die traumhafte Verbindung mit der Mutter und verwandelt geheimnisvoll die Verzweiflung in Schönheit. Wie die antiken Musen führt die innere Mutter zur Kunst.

Madonnas Weg zur Popikone war steinig. Der frühe Tod ihrer Mutter war natürlich das einschneidendste Ereignis, aber auch die harte Erziehung ihres Vaters machte ihr sehr zu schaffen. In ihrem eindrucksvollen Lied *Oh Father* beklagt sie, dass ihr Vater ihre Tränen und Schmerzen nicht bemerkt und nicht verstanden habe. Aber Madonna emanzipierte sich und verwandelt ihre Verzweiflung in künstlerische Aktivität. Im Song beklagt Madonna,

2 Es handelt sich hier sowie auch bei allen nachfolgend auf Deutsch zitierten Versen, Aussagen etc. um meine Übersetzungen des englischen Originals.

dass sie von ihrem Vater kalt behandelt wird und sich von ihm trennen muss. Sie ringt um ihre Freiheit und wehrt sich gegen Schuldgefühle, die sich trotz seines verletzenden und manchmal auch grausamen Verhaltens eingestellt haben. Die Sängerin bestärkt ihre Lebendigkeit, indem sie die schwierige Beziehung zu ihrem Vater durcharbeitet.

Im Song *Papa don't preach, I'm in trouble* wirbt Madonna um das Verständnis ihres Vaters für ihre eigene Mutterschaft. Sie fleht geradezu, dass er ihr werdendes Kind akzeptiert, damit sie es nicht abtreibt. Das entsprechende Video zeigt trauliche Kindheitsszenen mit dem Vater, die von jugendlicher Verliebtheit in einen hübschen Freund abgelöst werden, die zu jener Schwangerschaft geführt hat. Madonnas sehnsüchtige Verbundenheit mit ihren Eltern überrascht auf den ersten Blick angesichts ihres oft provokanten Auftretens. Aber dies ist ihr Weg, schmerzliche Erfahrungen zu verarbeiten. So sind auch ihre sexuellen Inszenierungen auf der Bühne und in vielen Videoclips als kreative Bewältigungsversuche zu verstehen. Sie selbst berichtet von einer sexuellen Traumatisierung in ihrer Jugend (s. O'Brien, 2008).

Einen bedeutungsvollen Platz in ihrem Leben nimmt auch die Auseinandersetzung mit der katholischen Kirche ein. Madonna erfuhr eine streng katholische Erziehung zu Hause und in der Schule. Zeitweise besuchte sie eine Klosterschule. Sie erlebte ihre katholische Erziehung als einengend, aber auch als lehrreich. In der Schule fand sie viel Anerkennung und Selbstbestätigung. Sie lernte diszipliniert und konzentriert zu arbeiten. Ihre Leistungen waren hervorragend und sie gehörte mit einem IQ von 140 zu den besten zwei Prozent ihres Jahrgangs. Sie besuchte gern den Tanzunterricht und nahm nebenbei auch Klavierstunden. Besonders im Tanztraining erwarb sie sich eine Disziplin, die ihr auch später ein außergewöhnliches Arbeitspensum ermöglichte.

Madonnas Tanzlehrer erkannte ihr Talent und unterstützte ihren Willen, etwas Besonderes zu leisten. Er vermittelte ihr günstige Umgebungsbedingungen für ihr kreatives Streben. So besuchte er mit ihr gemeinsam Museen und Theater, machte sie später mit Schwulendiscos bekannt, wo sie künstlerisch produktive Personen wie ihren späteren Produzenten Stephen Bray kennenlernte. Die nach der High School begonnene Tanzausbildung brach Madonna jedoch bald ab, ihre Abenteuerlust und ihre Karrierewünsche zogen sie nach New York. Gelegenheitsjobs schlossen Nacktfotos in *Playboy* und *Penthouse* ein, die ihr eine zweifelhafte Berühmtheit bescherten. Derweil verfolgte sie willensstark ihre tänzerischen und musikalischen Ambitionen. Sie lernte Gitarre und Schlagzeug spielen und begann gemeinsam mit ihren künstlerischen Freund*innen Lieder zu schreiben. Ihre ersten Texte wirken naiv, aber auch berührend.

Nach verschiedenen Engagements als Tänzerin, Sängerin und Schlagzeugerin und einem kurzzeitigen Plattenvertrag traf die jetzt 20-Jährige auf den Sänger Patrick Hernandez, der sie groß herausbringen wollte. Nach einem kurzen Intermezzo als Tänzerin in Paris zog es sie wieder nach New York, wo sie zu den Demos ihrer ersten Lieder tanzte und eine gewisse Berühmtheit erreichte. Sie begegnete einem Discjockey, der ihre erste Single *Everybody* produzierte. Der zum Tanzen einladende Disco-Song ist schwungvoll und nett, vom entbehrungsreichen Weg Madonnas zu ihrem ersten Achtungserfolg ist nichts zu spüren. Sie trifft den Ton einer tanzbegeisterten Disco-Gemeinde und wird auf diesem Weg eine Zeit lang weitergehen. Sie lädt zu einer unbefangenen Freude am eigenen Körper und dessen Bewegungen ein. Der Tanz ebnet den Weg zu sinnlicher Freude, er ist ansteckend und befreiend. Wie in uralten Zeiten stiftet der Tanz ein erotisch gehobenes Gemeinschaftserleben, das von den Sorgen des Alltags befreit: »Lass die Musik die Kontrolle übernehmen […] dein Körper versteht die Botschaft«.

Mit 24 Jahren veröffentlichte Madonna ihr Debütalbum *Madonna* und erreichte mit der Single *Holiday* einen Platz unter den Top Ten der internationalen Charts. Auch dieser Song ist leicht und heiter und animiert zu schwungvoller Bewegung. Heitere

Musik, ausgelassenes Tanzen und unbeschwerte Erotik befreien von den Sorgen und Lasten des Alltags: »Vergiss die Sorgen, lass Liebe leuchten und lass uns feiern«. Eine schöne Botschaft.

Später werden Madonnas Texte ernsthafter, vielschichtiger und auch provokanter. *Like a Virgin* erregte die Gemüter, weil Madonna religiöse Symbole in ihre lasziven Auftritte einbezog und mit sexuellen Inszenierungen verband. Beim Publikum kam dies jedoch gut an. *Like a Virgin* gehört bis heute zu den 100 meistverkauften Musik-Alben. Das nach ihrer Heirat mit Sean Penn veröffentlichte Album *True Blue* war gleichfalls ein großer Erfolg. Die jetzt 27-Jährige entfaltete darin eine schier unglaubliche Produktivität. Sie hatte kurz zuvor als Darstellerin in dem Film *Susan verzweifelt gesucht* mehr als einen Achtungserfolg und mit ihrer Welttournee *Who's that Girl* wurde sie zur erfolgreichsten Popsängerin der 1980er Jahre. Ihre erotischen Inszenierungen machten sie zu einem weltbekannten Sexsymbol. Sie ermunterte viele, zumeist junge Frauen, zu ihrem Körper und ihrer Sexualität zu stehen und sich selbstbewusst zu zeigen. Damit steht sie in einer Reihe mit Popikonen wie Tina Turner und Beyoncé, die ein Millionenpublikum zu Tanz, Musik und lebendiger Erotik ermutigen.

Allerdings erlitt Madonna auch Niederlagen. Ihre neuen Filme wurden vom Publikum und den Kritiker*innen negativ aufgenommen und ihre Ehe kriselte. Dies beeinträchtige ihren Tatendrang aber nicht und sie zeigte sich auf dem Broadway als Theaterschauspielerin. In verschiedenen Videos griff sie gesellschaftliche Themen auf, zum Beispiel den in den USA grassierenden Rassismus. Dabei verwendete sie weiterhin religiöse Symbole, die bis zum Vatikan heftige Proteste auslösten. Auch große Firmen, die sie sehr erfolgreich für ihre Karrierepläne nutzte, zogen sich zurück. Madonna verfolgte aber unbeirrt den Weg der sexuellen Provokation. Diese wurden ihr Markenzeichen. Sie trat in Korsett, Strapsen und ausstaffierten BHs auf und simulierte auf der Bühne Selbstbefriedigung. Dafür wurde sie in Kanada mit einer

Haftstrafe bedroht und der Vatikan forderte dazu auf, ihre Konzerte zu boykottieren.

Madonna selbst befreite sich durch ihre Texte, die Musik, den Tanz und die sexuelle Provokation von ihren Hemmungen. Das Video *Justify my Love* ist ein Bekenntnis zu ihrer leidenschaftlichen und konventionelle Grenzen überschreitenden Sexualität. Trotz ihrer zur Schau gestellten Unabhängigkeit blieb sie aber gebunden an ihre früheren Beziehungen und lebte diese Verbundenheit in konstruktiven Aktivitäten aus. So begann sie, Nachwuchstalente zu fördern. Die Zeit der sexuellen Provokationen war aber nicht vorbei, sie spielte öffentlich mit ihrer Bisexualität und inszenierte sadomasochistische und fetischistische Praktiken auf der Bühne. Das Album *Erotica* führte mit seinem begleitenden Bildband wegen der als pornografisch empfundenen Selbstdarstellung zu heftigen Angriffen.

Dies beinträchtige aber ihren Tatendrang wiederum in keiner Weise. Sie drehte erneut einen ziemlich erfolglosen Film und ging auf Welttournee, deutete bei ihren Auftritten Gruppensexszenen an und trat als Domina auf. *Justify my Love* ist ein Höhepunkt ihrer erotischen Selbstdarstellung. Madonna inszenierte öffentlich eine sexuelle Beziehung und bediente damit auch viele erotische Sehnsüchte ihres Publikums. Song, Video und Auftritte erzählen eine leidenschaftliche Liebesgeschichte, die Millionen begeistert. Zuschauer*innen und Zuhörer*innen werden auf eine Reise in eigene Träume und Sehnsüchte mitgenommen. Der Text ist relativ einfach, aber die Musik ist rhythmisch mitreißend und melodisch deutlich entwickelter als die frühen Disco-Songs.

Auch in ihren Filmen wirkt Madonna zu dieser Zeit ausgereifter. Sie inszenierte sich zunehmend nicht nur als erotischen Vamp, sondern als ernsthafte Schauspielerin. Ihre Verkörperung von Eva Duarte de Perón im Musical und Film *Evita* von Andrew Lloyd Webber fand breite Anerkennung. Darin zeigt sie sich als seriöse Sängerin und Schauspielerin und begeistert mit ihrem Song *Don't Cry for Me Argentina*. In der Gestalt von Evita drückt Madonna auch ihre eigenen Sehnsüchte nach Anerkennung und Zuneigung aus. Sie zeigt in diesem Lied wie im gesamten Film nicht nur ihre mondänen, sondern auch ihre stillen und empfindsamen Seiten. So überrascht es auch nicht, dass sie sich jenseits ihre sexuellen Provokationen nach tieferen Bindungen und Familienglück sehnte. Mit 38 Jahren brachte sie im Oktober 1996 ihre erste Tochter zur Welt. Auch nach der Geburt blieb sie körperlich aktiv und hielt sich durch diszipliniertes Training fit. Sie entwickelte sich auch künstlerisch weiter und erhielt für ihr Album *Ray of Light* im März 1998 vier Grammys. Thematisch verarbeitete sie ihre persönliche Lebenssituationen, zum Beispiel ihre aktuelle Mutterschaft. Der Titelsong drückt eine tief verwurzelte Sehnsucht nach Geborgenheit aus.

In Interviews erschien Madonna als glückliche Mutter und erteilte pädagogische Ratschläge. Sie begann, sich mit fernöstlichen Religionen zu beschäftigen, und studierte kabbalistische Schriften. Vom Vater ihres ersten Kindes, dem Fitnesstrainer Carlo Leon, trennte sie sich bald und ging im September 1998 mit dem britischen Regisseur Guy Ritchie eine Beziehung ein. Sie heiratete ihn nach der Geburt ihres gemeinsamen Sohnes Rocco und startete eineinhalb Jahre nach dessen Geburt eine neue Welttournee. Ein weiteres Jahr später war Madonna wieder als Schauspielerin auf der Bühne zu sehen und erhielt einen Publikumspreis. Sie schrieb in der Zeit nach den Anschlägen auf das World Trade Center am 11. September 2001 den Titelsong zu einem James Bond-Film. Im Film, der im Oktober 2002 erschien, spielt Madonna auch eine kleine Nebenrolle. Der Song *Die Another Day* erwähnt Sigmund Freud und drückt den Wunsch nach Selbstveränderung aus.

Madonna äußerte sich seit 2003 zunehmend öffentlich zu politischen Fragen und nahm gegen den Irakkrieg Stellung. Neben der Zusammenarbeit mit anderen Musikern wie Ricky Martin, Prince und Britney Spears schrieb sie Kinderbücher. *Die englischen Rosen* wurden sehr erfolgreich und Madonna spendete den

Gewinn verschiedenen Kinderhilfsorganisationen. Ihre *Re-Invention Tour* 2004 begeisterte die große Fangemeinde und sie trat in Benefizkonzerten zugunsten der Tsunami-Opfer 2005 auf. Ihrer geschickten Selbstvermarktung kamen diese Engagements sehr zugute.

Auch Unfälle lähmten ihren Tatendrang nicht. Ein Sturz vom Pferd, der zu mehreren Knochenbrüchen führte, hinderte sie nicht, an dem neuen Tanzvideo *Hung Up* zu arbeiten und dieses zwei Monate später zu produzieren. Der Titelsong wurde, unterstützt von einer aufwändigen Werbekampagne, ein Riesenerfolg. Auch die einige Monate spätere *Confessions Tour* führte zu weltweit ausverkauften Auftritten. Ihre religiöse Gefühle verletzenden Provokationen entzündeten weiterhin heftige Proteste und führten zu gerichtlichen Klagen.

In Kontrast zu ihrer Zusammenarbeit mit exklusiven Modeschöpfer*innen und den entsprechenden Auftritten interessierte sich Madonna für armutsverwahrloste Kinder, besonders in Malawi. Sie setzte sich für den Klimaschutz ein, unterstützte Aidshilfe-Projekte und wurde 2007 vom *Forbes Magazin* zu dritteinflussreichsten Persönlichkeit der Welt gewählt. Sie wurde vom israelischen Präsidenten Schimon Peres empfangen, beteiligte sich an den aufrüttelnden *Songs of Mass Destruction* und drehte mit *Filth of Wisdom* einen sozialkritischen Film. Der von ihr produzierte Dokumentarfilm über Malawi wurde auf den Filmfestspielen in Cannes vorgestellt. Zahlreiche Konzerte und Werbekampagnen für Luxusgüter begleiteten diese Aktivitäten.

40-jährig setzte Madonna, trotz ihres unglaublichen Arbeitspensums und des Familienlebens mit zwei eigenen und einem Adoptivkind, ihre sexuellen Provokationen fort. Ihre Affäre mit einem 28 Jahre jüngeren brasilianischen Fotomodel veröffentlichte sie freizügig. Fast gleichzeitig adoptierte sie ein weiteres Kind aus Malawi und nahm hohe bürokratische und rechtliche Hürden sowie öffentliche Kritik in Kauf. Darüber hinaus setzte sie sich auch weiterhin für benachteiligte Kinder in Malawi ein und spendete für Erdbebenopfer in Haiti. Sie schrieb ein Drehbuch und führte Regie bei einem weiteren Film. 2012 erschien ihr zwölftes Album *MDNA* und sie produzierte dazu ein sexuell provozierendes Video. Auch die Gewaltdarstellungen bei der entsprechenden Tour führten zu Empörung. Sie ist zu diesem Zeitpunkt laut *Forbes* im Showgeschäft die bestbezahlte Darstellerin.

Madonna erregte auch in fortschreitendem Alter mit sexuellen und aggressiven Provokationen weiterhin internationale Aufmerksamkeit. Von der 56-Jährigen erschienen anzügliche Fotos und ihre Tour *Rebel Heart* knüpfte an frühere aggressiv-erotische Inszenierungen an. Gleichzeitig setzte sie sich für Frauenrechte ein und hielt nach der Amtseinführung Donald Trumps eine Rede gegen Sexismus. Sie blieb ihrem Motto *Express Yourself* treu. In diesem Song gab die noch jugendliche Madonna ihr Motto zur erotischen Selbstverwirklichung aus.

Diese Botschaften einer selbstbewussten Frau begeistern bis heute ein Millionenpublikum. Manche mögen die Texte schlicht finden, die Musik konventionell, die Inszenierungen respektlos und die Vermarktung hemmungslos. Aber den Drang nach künstlerischer Selbstverwirklichung kann man Madonna nicht absprechen. Ebenso nicht ihre Fähigkeit, Verzweiflung zu bewältigen und sich für Menschenliebe und Friedfertigkeit einzusetzen.

Madonnas Weg zum Erfolg

Madonnas Leben und Werk ist für ein tieferes Verständnis von Kreativität höchst lehrreich. Wenn wir uns an den »Großen Fünf der Kreativität« orientieren, ergibt sich folgendes Bild: Offensichtlich ist, dass Madonna ein sehr begabtes Kind war. Körperlich gehörte sie zu den Kleinsten, machte daraus aber mit ihrer großen Vitalität eine Stärke. Sie verfügte über tänzerische und musikalische Talente, war eine sehr gute Schülerin, aber kein Wunderkind. Wesentliche Grundlagen ihres Erfolgs waren Madonnas Energie und Fleiß. Diese führten dazu, dass sie sich ein großes musikalisches Wissen und tänzerisches Können aneignen konnte. Madonna lernte gern von anderen und brachte sich gleichzeitig vieles selbst bei. Früh in ihrem Leben entwickelte sie die Motivation, etwas aus sich zu machen. Ihre Disziplin war eine wesentliche Voraussetzung, ihre Ziele zu erreichen. Sie ließ sich nicht beirren und vermied es, durch Alkohol und Drogen ihre Talente und Tatkraft zu beeinträchtigen.

Madonna ist wie Mick Jagger, auf den ich noch zu sprechen komme, ein gutes Beispiel für eine Persönlichkeit, die gleichzeitig flexibel und reizoffen sowie zielgerichtet und widerstandsfähig ist. Diese Mischung finden wir, wie bereits im ersten Kapitel geschildert, bei vielen hochkreativen Persönlichkeiten. Allerdings wuchs sie in einer schwierigen Umgebung auf. Besonders der frühe Tod ihrer Mutter war traumatisch. Sie fand aber immer wieder wohlwollende Begleiter*innen und unterstützende Umgebungsbedingungen, um ihre Selbstzweifel und ärgerlichen Gefühle in konstruktive Bahnen zu lenken. So wurde sie heiter und lebenszugewandt, ungewöhnlich resilient und zielgerichtet aktiv.

Aus entwicklungs- und tiefenpsychologischer Sicht lässt sich vermuten, dass sie in der frühen Kindheit ihre Mutter als sicher, zugewandt und liebevoll erlebt hat. Dies ermöglichte ihr im Zusammenspiel mit ihren Begabungen, eine einigermaßen geschützte Innenwelt aufzubauen. Dadurch konnte sie auch schwierige Situationen meistern. Letztlich konnte sie schmerzliche Lebensereignisse künstlerisch verarbeiten. Dazu gehörte auch die schwierige Beziehung zum strengen Vater, die ihr neben allen Entbehrungen auch Halt gab. Im späteren Leben fand sie immer wieder Freundschaften, die sie persönlich und künstlerisch weiterbrachten. Sie pflegte unterstützende Beziehungen und trennte sich, wenn diese sie nicht weiterbrachten.

Erotik und Sexualität spielen in Madonnas Songs und Bühnenauftritten eine herausragende Rolle. Ihre frühen Songs sind relativ harmlose Einladungen zum Tanzen und zu erotischen Annäherungen. Sie sind rhythmisch anregend, eingängig und recht konventionell. Später packte sie vergleichsweise heiße Eisen an. Sie verarbeitete ihre streng katholische Erziehung durch provokante Texte und noch provokantere Inszenierungen. Man kann dies moralisch verurteilen. Dabei sollten wir aber nicht übersehen, dass Madonna auch ernsthaft um ihr Überleben in einer für sie schwierigen Welt kämpft. Sie strebt nicht nur nach Selbstausdruck, sondern ringt mit Bindungen, die sie fesseln und herunterziehen. Gleichzeitig scheint sie zu spüren, wie wichtig diese Bindungen sind, und muss sich deswegen umso greller von ihnen abgrenzen.

Bei allem bleibt Madonna lebenszugewandt und trifft wie wenige die wunden und auch sehnsüchtigen Punkte ihres Publikums. Im nicht geschriebenen Buch über die Begleitmusik, die viele beim Sex hören, dürften ihre Lieder eine große Rolle spielen. Sie sind anregend und heiter, laden aber auch zu Grenzüberschreitungen ein. Diese werden von vielen, die dies als künstlerisch-erotisches Spiel auffassen können, als lustvoll erlebt. Kritisch anzumerken ist, dass ein Teil ihres Publikums schockiert wird und die spielerische Distanz verloren geht. Dies ist besonders dort problematisch, wo sie Sex mit Gewalt verbindet bzw. Gewalt sexualisiert.

Madonna war und ist eine der mutigsten Feindinnen von Drogen und Alkohol. In Kreisen, in denen Drogen als chic und zum Lebensstil gehörig angepriesen werden, hat sie Künstler*innen gezeigt, dass Drogen und exzessive Mengen von Alkohol die kreative Entwicklung nicht fördern, sondern meistens verhindern. Demgegenüber sind Tanz, Gesang und verschiedene andere musikalische Inszenierungen ein Lebenselixier für Madonna. Schon immer haben Menschen in Tanz und Gesang ihre Sehnsüchte und Hoffnungen, Enttäuschungen und Verzweiflungen verarbeitet. So sind auch die hintergründigen Songs und tänzerischen Performances für Madonna lebensnotwendig, um sich selbst zu finden und sich von unguten Stimmungen zu befreien. Sie kann ihre Verzweiflung künstlerisch bewältigen und sich mit Hass und Gewalt kreativ auseinandersetzen, von der Kreuzigung Jesu bis zu modernen Kriegen. Dies ermöglicht ihr auch ein bedeutendes familiäres und soziales Engagement.

John Lennon: Der Träumer

Weniger glücklich im Umgang mit Verzweiflung, Hass und Gewalt war John Lennon. Dabei war auch er talentiert, erarbeitete sich musikalisches Können und Wissen und war intrinsisch motiviert. An Persönlichkeitseigenschaften zeigte auch er eine interessante Mischung von Extro- und Introvertiertheit sowie Reizoffenheit und Rückzug. Es mangelte ihm jedoch im Vergleich mit Madonna an Widerstandsfähigkeit, um seine Verstimmungszustände nachhaltig zu transformieren. Angefangen bei seiner Mutter fehlten ihm in seiner Kindheit haltgebende Bindungen und seine künstlerischen Freund*innen und Liebesbeziehungen konnten ihm nicht den Halt vermitteln, den es gebraucht hätte, um die Wunden seiner Kindheit und das Leiden an einer gewalttätigen Umwelt kreativ für ihn selbst zu bewältigen.

Imagine, ein bis heute sehnsüchtig berührender und hoffnungsvoller Song, verdichtet sehr schön Lennons Auseinandersetzung mit Verzweiflung, Hass und Gewalt. Er berührt. Der Text richtet sich gegen aggressive Religionen, staatliche Grenzen und persönliche Ausgrenzung. So vielversprechend er scheint, so naiv wirkt er angesichts der kollektiven und individuellen Konflikte, die unsere Geschichte durchziehen. Der Song ist geradezu ein Gegenmodell zu dem wenige Zeit vorher entstandenen Lied der Rolling Stones *Sympathy for the Devil*, der die destruktive Gewalt unserer Geschichte schildert und fordert, sich mit ihr beschäftigen. Lennon komponierte mit *Imagine* eine Hymne der »Love and Peace«-Bewegung. Allerdings trennte er sich selbst in der Zeit der Komposition des Songs nach schweren Auseinandersetzungen von seinen Beatles. In seinen letzten Bühnenauftritten wirkte er sehr zurückhaltend, nachdenklich und in sich gekehrt. Vorausgegangen war ein einzigartiger Aufstieg. Seine ersten mit Paul McCartney komponierten Lieder vermitteln eine unbeschwerte Lebensfreude. Deren Themen kreisen unbefangen um jugendliche Liebessehnsüchte. Später verfasste das Duo nachdenklichere Texte, die sich auch mit Verstimmungen und Enttäuschungen auseinandersetzen. Schließlich wurde Lennon heroinabhängig und sah seine kreativen Kräfte schwinden. Wie kam es dazu?

Bei seiner Geburt im Jahre 1940 tobte der Zweite Weltkrieg. Seine Eltern gaben ihm als zweiten Vornamen Winston in Bezug auf den damals kriegführenden Premierminister Winston Churchill. John wuchs mit seiner Mutter Julia und deren Familie in Liverpool auf. Seinen Vater, der als Matrose zur See fuhr, sah er nur selten. Fünf Jahre nach Johns Geburt empfing Julia von einem anderen Mann ein weiteres Kind und seine Eltern trennten sich. John wurde zu seiner Tante und deren Ehemann gegeben und hatte anschließend kaum Kontakt mit seiner Mutter.

Der Biografie von Philip Norman (2008) ist zu entnehmen, dass sich Lennons musikalisches Interesse und Talent früh zeigten. Er begann als Kind Mundharmonika zu spielen und beschäftigte sich auch mit anderen Musikinstrumenten. In der Schule zeichnete er gern und verfasste kleine Nonsens-Texte. Nachdem John in seinem 17. Lebensjahr seiner Mutter wieder nähergekommen war, geschah eine Tragödie. Im Anschluss an ein Treffen mit ihrem Sohn wird Julia Lennon von einem Auto angefahren und stirbt an ihren Verletzungen. Jahre später verlieh John seiner Verzweiflung in seinem herzzerreißenden Song *Mother* Ausdruck. Darin beklagt er auch, wie sehr er seinen Vater vermisst hat. Der frühe Tod seiner Mutter verbindet ihn übrigens mit seinem Freund und Kollegen Paul McCartney, dessen Mutter an einer Krebserkrankung verstarb als dieser 14 Jahre alt war.

Musikalisch war Lennon vom Rock 'n' Roll begeistert. Elvis Presley soll seinen Wunsch, Rock 'n' Roll-Musiker zu werden, entscheidend geprägt haben. Er gründete 1956 seine erste Band, traf im Juli 1957 McCartney und engagierte ihn sofort. Im gleichen Jahr begann er an der Liverpooler Kunsthochschule zu studieren. Die meiste Zeit widmete er sich jedoch, meist begleitet von McCartney, der Musik. Gemeinsam komponierten sie ihre ersten Songs. Im Februar 1958 stieß George Harrison zu dem Duo und nachdem sie mit Pete Best einen geeigneten Schlagzeuger gefunden hatten, gingen die vier Jungs aus Liverpool auf Tour. Zwischen 1960 und 1962 fanden sie einige gute Engagements in Hamburg. Lennon agierte zumeist als Band-Leader und meinte später, in dieser Zeit richtig erwachsen geworden zu sein. Auch in Liverpool wurde die Gruppe zusehends populär. Zu ihrem Aufstieg trug wesentlich Brian Epstein bei, der im Dezember 1961 der Manager der Beatles wurde. Er arrangierte den Kontakt mit dem Musikproduzenten George Martin, der ihren ersten Plattenvertrag ermöglichte, und drängte auch die Beatles, ihren Schlagzeuger Best durch Ringo Starr zu ersetzen. In der Folge entstanden die ersten Songs, die die Beatles weltberühmt machten.

Fast alle Songs der frühen Zeit sind schöne und harmlose Liebeslieder. Am besten vermittelt das Lebensgefühl der Beatles und ihrer Fans heutigen Betrachter*innen der Film *A Hard Day's Night*. Der 1964 erschienene Streifen verdichtet den atemberaubenden Aufstieg der Band. Der Titelsong besingt die Rückkehr eines arbeitsamen Mannes, der in den Armen seiner Frau Ruhe und Entspannung findet: »Und wenn ich zu dir nach Hause komme, fühle ich mich wieder in Ordnung«. Bürgerliche Regeln werden heiter ironisiert und eine harmlose künstlerische Gegenwelt erschaffen. Die Lieder bleiben durchwegs im Dunstkreis konventioneller Liebessehnsüchte: »Ich möchte deine Hand halten« und »Ich möchte dein Liebhaber sein, ich möchte dein Mann sein« sind typische Liedzeilen. Wie der Song *She loves you* sind die meisten Lieder heiter und optimistisch gestimmt. Die netten Jungs aus Liverpool wirkten lebensfroh und unbeschwert. Bald wurden sie von kreischenden Teenies verfolgt und es entfaltete sich ein hysterischer Starkult. Im Film wird das ausgelassene Treiben immer wieder durch den Manager unterbrochen, der das Realitätsprinzip vertritt und disziplinierte künstlerische Arbeit einfordert. Auch die Jagden mit der Polizei erscheinen aus heutiger Sicht ziemlich harmlos. Songs wie *I should have known better*, *Can't buy me love* und *And I love her* besingen die unbeschwerten Seiten jugendlicher Liebe.

Weitere Beispiele für heiter beschwingte Liebeslieder sind Songs wie *Love me Do*. Die Zeit schien reif zu sein für die jungenhafte Erotik der Beatles. In den 1960er Jahren hatte sich England, wie die meisten Länder des westlichen Europas, von der Nachkriegstristesse erholt. Jugendlichen standen zunehmend Zeit und Mittel zum Konsum von Kultur zur Verfügung. Musik und bildende Kunst wurden in breiten Kreisen populär. Akademien öffneten ihre Türen und Piratensender machten die neuen Songs leicht zugänglich. Eine weltweite Jugendbewegung suchte nach Idolen, die antiautoritäre und sexuelle Befreiung verkörpern. Die Beatles kamen den Bedürfnissen nach unbekümmerter Lebensfreude mit ihrem Auftreten und ihren Songs entgegen, während andere Gruppen wie zum Beispiel die Rolling Stones von Anfang an auch die dunklen Seiten des Blues zur Sprache brachten. Ein jugendliches Massenpublikum war jenseits dieser Unterschiede bereit, bürgerliche Grenzen zu überschreiten, und verschaffte den Beat- und Rockgruppen eine atemberaubende Popularität.

Nach dem großen Erfolg von *A Hard Days Night* wurden die Songs der Beatles nachdenklicher und die 1964 erschienene LP *Beatles for Sale* enthielt Songs wie *Tell me why you cried, I'm a Loser* und *No Reply*. Melancholische Texte drängten sich jetzt in den Vordergrund: »Schau, was du angerichtet hast, ich fühle mich traurig und einsam« lautet eine Zeile in dem Lied *What you are doing*. In *World without Love* singen die Beatles: »Bitte schließ mich weg und lass den Tag nicht hier herein, wo ich mich in meiner Einsamkeit verstecke«. Waren dies die ersten Auswirkungen des Drogenkonsums oder handelte es sich um die Bewältigung melancholischer Stimmungen, die so oft mit kreativen Tätigkeiten verbunden sind? Die Beatles besangen zunehmend traurige Alltagserfahrungen und Liebesenttäuschungen, zum Beispiel in *You Can't Do That* und ihre unbeschwert erscheinende Anfangsphase schien beendet. In dem Song *Help* rufen sie nach Unterstützung.

Das Leben von Lennon hatte sich tatsächlich sehr verändert und er war nicht der Einzige, dem sein Erfolg sprichwörtlich zu Kopf gestiegen war. Vielleicht war sein Hilferuf aber auch durch seine Konflikte mit seiner ersten Frau mitbedingt. Er hatte im August 1962 Cynthia Powell, eine Freundin aus der Kunstakademie, geheiratet. Ihre Beziehung war schwierig und bald durch heftige Auseinandersetzungen getrübt. Im April 1963 wurde ihr Sohn Julian geboren, aber auch nach dessen Geburt wurde das Verhältnis des Ehepaars nicht besser. Künstlerisch entwickelte sich Lennon mit den Beatles jedoch weiter und fand musikalisch eine ganz eigene Sprache. *Norwegian Wood, Nowhere Man, Girl, I'm down* sind komplexer als die frühen Songs, aber auch trauriger und nachdenklicher. Sie setzen sich mit Enttäuschung und Vereinsamung auseinander. Der 1965 erschienene Song *In My Life* wirkt wie eine Lebensbilanz.

Auch in Songs wie *Yesterday* von 1965 wird die Vergänglichkeit in traurig schönen Worten und Melodien besungen, sie klingen bis heute nach. Der Drogenkonsum schien in dieser Zeit jedoch zuzunehmen und es wird bis heute kontrovers diskutiert, ob LSD die Kreativität Lennons steigerte oder doch schwer beschädigte und zusammen mit anderen Drogen zu einer emotionalen Entleerung führte. Die 1966 erschienene LP *Revolver* könnte Songs mit psychedelischen Motiven wie *Tomorrow Never Knows* enthalten, sie könnten aber auch von buddhistischer Spiritualität beeinflusst sein. Im Kontrast zu diesen spirituellen Texten standen aber weiterhin Lieder im Vordergrund, die aus dem Alltag gegriffen sind und wie *Eleanor Rigby* beispielhaft die Vereinsamung vieler Menschen besingen. Die große Liebeserfüllung, die in der Hymne *All you need is love* einen Höhepunkt fand, schien immer nur momentan auf. Sie war grundiert von Einsamkeit und Verzweiflung.

Dem Erscheinen von *All you need is love* gingen öffentliche Kritiken an der Person Lennons voraus. In einem Interview äußerte er, dass das Christentum schrumpfen und verschwinden werde und die Beatles schon populärer seinen als Jesus Christus. Dieses Interview kann ein Ausrutscher gewesen sein, vielleicht aber auch ein Zeichen einer verflachten Weltsicht. Überhaupt schien das jugendliche Feuer aus Lennon gewichen zu sein und die Gruppe entschloss sich, nicht mehr auf Tournee zu gehen. Dazu trug möglicherweise bei, dass sich Lennon in der Öffentlichkeit nicht mehr sicher fühlte. Daneben schien jedoch auch seine Energie und Freude an der Bühnendarstellung gewichen zu sein. Er ging einen anderen Weg als sein Antipode Mick Jagger, der sich auf der Bühne immer wohler fühlte und mit zunehmendem Alter auch immer bessere Konzerte darbot. Offensichtlich vitalisierte sich Jagger durch seine Auftritte, während sich Lennon lieber in die exklusive, gleichwohl öffentlich inszenierte Zweierbeziehung mit Yoko Ono zurückzog.

Vorher kam es jedoch zu einem musikalischen Höhepunkt. Nachdem die Beatles ihre letzte Tournee beendet hatten, zogen sie sich im August 1966 in ein Studio zurück und kreierten Songs, die sowohl literarisch als auch musikalisch eine bedeutende Weiterentwicklung darstellen. Während fünf Monaten konzentrierter Arbeit entstand das Album *Sgt. Pepper's Lonely Hearts Club Band*. Schon die vorab veröffentlichten Songs *Penny Lane* und *Strawberry Fields Forever* betraten musikalisches Neuland. Die Themen und Instrumentierungen greifen musikalische Formen der Barockzeit und des alten Indiens auf und kombinieren diese Einflüsse in höchst origineller Weise. Die entstandenen Meisterwerke werden als einzigartige künstlerische Weiterentwicklung der Popmusik angesehen.

Die im Juni 1967 veröffentlichte LP wurde zu einem Höhepunkt des »Summer of Love«. Die in den Songs erzählten Geschichten sind jedoch nur zum geringsten Teil psychedelisch und Ausdruck eines »Hippie-Hedonismus«. Wie die früheren Texte greifen sie alltägliche Erlebnisse auf und verwandeln diese musikalisch und literarisch in neuartige Kunstwerke: *Getting Better* wurde zum Beispiel veranlasst durch den Geburtstag von McCartneys Vater. Ein zentrales Thema des Songs ist die Kindheit. In *Strawberry Fields Forever* erinnert sich Lennon an die Feiern der Heilsarmee vor seinem Haus und geht auf eine musikalische Zeitreise bis in viktorianische Zeiten. Ein Zirkusplakat von 1843 inspirierte *Being for the Benefit of Mr. Kite!* und *Lucy in the Sky with Diamonds* wurde durch Zeichnungen von Lennons Sohn angeregt.

Oft geht es um kindlich traumverlorene Ansichten unserer Welt. Vielfältige Modulationen mit häufigem Wechsel der Tonarten ermöglichen wie in der klassischen Musik ein kaleidoskopartiges Wechseln der Perspektiven. Die Verszeile »Das Mädchen mit den Kaleidoskopaugen« muss nicht unbedingt als psychedelische Erfahrung aufgefasst werden, sondern eher als Ausdruck kindlichen Spielens, das sich auch mit traurigen Erfahrungen auseinandersetzt. *She's leaving home* wurde zwar inspiriert durch einen aktuellen Zeitungsartikel, verdichtet aber auch die Trennungskonflikte zwischen Eltern und Kindern auf eine allgemeingültige Weise. Die Nachkriegstristesse der 1950er Jahre und die Hoffnungen und Sehnsüchte einer neuen Generation klingen nach. Ein neutraler Beobachter schildert, wie ein adoleszentes Mädchen heimlich ihr Elternhaus verlässt. Die Sehnsüchte und Enttäuschungen einer kleinen Familie werden polyphon und kontrapunktisch ausgerückt. Die Instrumentierung mit Harfen und Streichern verlässt die Schemata üblicher Rocksongs.

Auch die zweite Seite der LP ist höchst originell. Die Beatles setzen indische Instrumente wie die Sitar nicht nur dekorativ ein, sondern wenden zum Beispiel mit dem ständigen Wechsel des Rhythmus wesentliche Prinzipien der indischen Musik an, zum Beispiel in *Within you, without you* und *We were talking*. Der Song *A day in the life* ist ein weiterer Höhepunkt des Albums.

Er beginnt mit der Schilderung des in der Tagespresse erwähnten Todes eines gerade graduierten Jugendlichen: »Obwohl die Nachricht ziemlich traurig war, musste ich plötzlich lachen«. Ein Entfremdungsgefühl breitet sich aus, das in dem Wunsch, ein fiktives Du »anzutörnen«, endet. Der Song ist einerseits klassisch orchestriert und enthält andererseits viele experimentelle Neuerungen. Die Drums werden nicht nur wie in Blues und Rock eingesetzt, sondern auch wie die Schlagwerke der klassischen Musik. McCartney zeigt sich von John Cage und Karl-Heinz Stockhausen bzw. deren aleatorischer Kompositionstechnik beeinflusst. Ein 40-köpfiges Orchester begleitet den Song und sieben Klaviere spielen einen Schlussakkord, der ungewöhnlich lange nachklingt.

Nachdem Lennon mit *All You Need Is Love* 1967 die »Hymne des Summer of Love« geschrieben hatte, ging er trotz der großen Erfolge der Beatles zunehmend eigene Wege. Der plötzliche Tod seines Freundes und Managers Epstein im August 1967 mag dazu beigetragen haben. Der schmerzliche Verlust weckte Erinnerungen an den Tod seiner Mutter. Zunächst blieb er jedoch mit den Beatles zusammen und fand bei dem Guru Maharishi Mahesh Yogi spirituelle Unterstützung. Im Mai 1968 ging er eine Beziehung mit der japanischen Avantgarde-Künstlerin Yoko Ono ein, die er 1966 auf einer Ausstellung kennengelernt hatte. Mit ihr veranstaltete er gemeinsame Ausstellungen, die aber bei Weitem nicht so erfolgreich waren wie seine musikalischen Auftritte. In seinem Erscheinungsbild wirkte er gereift, der jugendliche Schwung schien aber gewichen. Lennon erschien vielen als vergeistigt, emotional entfernt und energieloser als in früheren Tagen und manche erkannten darin die Wirkungen seines Drogenkonsums. Zwischenzeitlich hatte er sich auch von seiner Frau Cynthia und von seinem Sohn zurückgezogen. Zur Scheidung kam es im November 1968. Sein gleichzeitig mit Ono veröffentlichtes Album *Unfinished Music No. 1: Two Virgins* reicht musikalisch nicht an die Songs der Beatles heran. Die avantgardistischen Klangcollagen fanden deutlich weniger Zuspruch als die Kompositionen der Beatles.

Lennon suchte jedoch nach der Entfremdung von den Beatles weiterhin den Kontakt zur Rock 'n' Roll Szene. 1968 trat er gemeinsam mit Eric Clapton, Keith Richards und Mitch Mitchell auf. Der Einfluss Onos wurde jedoch größer und sogenannte Happenings bestimmten deren künstlerische Aktivitäten. Sie nahmen zunehmend zu politischen Ereignissen wie den Unruhen im Rahmen des »Pariser Mai« Stellung. Beide inszenierten ihr Leben als politisches Kunstwerk und veranstalteten zum Beispiel eine Woche lang ein legendäres »Bed-In«. Sie gaben vom Bett aus Interviews, in denen sie ihre politischen Botschaften verbreiteten. Zu diesem Zeitpunkt war Lennon heroinabhängig geworden und seine künstlerische Kraft drohte gänzlich zu versiegen. Fünf lange Jahre kämpfte er gegen seine Sucht (s. Doggett, 2009). In *Cold Turkey* beschreibt er die Schmerzen und Qualen während eines Heroinentzugs. Seine Kompositionen wurden nicht mehr so gut aufgenommen und er verlegte sich auf Plakat- und Posterkampagnen, um für weltweiten Frieden zu werben.

Innerlich stand er jedoch mit vielen Menschen auf Kriegsfuß, besonders mit seinen alten Freunden von den Beatles und hier wiederum besonders mit McCartney. Es kam zu beleidigenden und gegenseitig beschämenden öffentlichen Statements. Das Projekt eines Dokumentarfilms über die Beatles war geprägt von peinlichen Konflikten innerhalb der Gruppe. Das letzte gemeinsame Album *Abbey Road*, das im September 1969 erschien, wird von Lennon trotz seines Erfolgs in mehreren Interviews kritisiert. Im September 1969 äußerte Lennon seinen endgültigen Trennungswunsch von den Beatles und im April 1970 verkündete McCartney offiziell die Auflösung der Band.

Um seine psychischen Leiden zu lindern, unterzog sich Lennon ab Anfang 1970 einer Primärtherapie. Diese von Arthur Janov entwickelte Behandlungsform war seinerzeit, besonders in Kalifornien, weitverbreitet. Wie viele experimentelle Psychotherapieverfahren hat sie sich zur Behandlung psychischer Störungen nicht durchgesetzt. Sie konnte einigen in ihrer persönlichen Entwicklung helfen und anderen hat sie zumindest nicht geschadet. Für viele, insbesondere psychisch vulnerable Patient*innen, war sie aber gefährlich: Insbesondere im Zusammenhang mit Drogen kann die Primärtherapie zu psychotischen Störungen führen und eine Selbstmordneigung verstärken. Lennon regte seine Therapie zur verstärkten Selbstreflexion und Texten an, die von seinen persönlichen Problemen handeln. Sie flossen in sein erstes Soloalbum ein, das im Dezember 1970 erschien und wenig Zuspruch fand. Mehr Erfolg hatte er mit seinem Song *Power to the People*, der im März 1971 erschien. Politische Themen drückten auch seine innere Zerrissenheit aus und halfen ihm, diese in eine künstlerische Gestalt zu verwandeln. Hierfür ist der Song *Working Class Hero* ein besonderes Beispiel. In diesem Song drückte John Lennon seine Suche nach sich selbst aus und eine Selbstvergewisserung über seine Stellung in der Welt. Der Song schildert unter anderem seine persönliche Verzweiflung und den politischen Protest einer ganzen Generation.

Der Titelsong seines zweiten eigenen Albums *Imagine*, das im Mai 1971 erschien, wurde zum berühmtesten Manifest seiner philosophischen und politischen Überzeugungen. *Imagine* drückt das Lebensgefühl und die Hoffnungen einer weltweiten pazifistischen Bewegung aus. Lennon beschwört die Vision einer globalen, friedlichen, unreligiösen und besitzlosen Welt ohne Gier und Hunger, in der alle Menschen brüderlich vereint sind: »Du magst sagen, dass ich ein Träumer bin, aber ich bin nicht der Einzige. Ich hoffe, dass Du dich uns eines Tages anschließt«. Das Lied wurde auch kommerziell sehr erfolgreich und erreichte über zwei Jahrzehnte immer wieder Spitzenplätze in den Charts. Bei den Olympischen Sommerspielen in London wurde es zur Abschlussfeier gespielt. Der Song und die damit einhergehende Friedensbotschaft verhinderten aber nicht, dass Lennon und McCartney einen heftigen Kleinkrieg führten. In mehreren Songs beleidigten sich beide und Lennon äußerte öffentlich, dass McCartney überangepasst und seine Musik minderwertig sei.

Ono und Lennon thematisierten in ihren Songs eine Vielzahl

von sozialen und politischen Problemen. Die von beiden abgelehnten politischen Verhältnisse in den USA führten 1972 zu den Protestliedern des Albums *Some Time in New York City*. Beide wurden von CIA und FBI überwacht und gerieten in eine defensive Position. Das Album wurde schlecht aufgenommen und Lennons erfolglosestes Studioalbum. Am 30. August 1972 fand das letzte Konzert Lennons mit Ono statt. Musikalisch wirkte es, zumindest im Vergleich mit dem Höhenflug von *Sgt. Pepper*, recht einfach. Viele störte der unmelodische und dünne Gesang Onos. John wirkte eigentümlich bewegungs-, kraft- und hoffnungslos. Man fragt sich, ob ihm die inspirierenden Beatles fehlten. Oder verlor er sich im Pathos Onos? War er von Drogen gezeichnet? Herzzerreißend war aber seine Interpretation von *Mother*.

Im April 1973 riefen Lennon und Ono den fiktiven Staat »NUTOPIA« aus, ein friedliches Land ohne Grenzen. Aber Lennons persönliche Beziehung zu Ono wurde zunehmend von Konflikten vergiftet und sie vereinbarten eine vorübergehende Trennung. Yoko bat ihre Sekretärin und Presseagentin May Pang, sich um Lennon zu kümmern. Beide siedelten nach Los Angeles über und begannen eine Affäre. Nach jahrelangem Drogenkonsum bestimmten nun selbstzerstörerische Alkoholexzesse Lennons Leben wie schon vorher dasjenige von Janis Joplin, Jim Morrison und später von Amy Winehouse. Die Kehrseiten des äußeren Glanzes hatte Lennon schon auf seinem Album *Imagine* mit dem Song *Crippled Inside* besungen. Darin schildert er in harscher Selbstkritik, dass er sich innerlich verkrüppelt fühle. Die Beschreibung seiner Verzweiflungszustände setzte er in *It's So Hard* fort, einem weiteren Song aus dem Album *Imagine*. Wie alle Texte dürfen wir auch diesen nicht nur als Selbstzeugnis auslegen. Er gibt auch allgemeinen Stimmungen Ausdruck. Doch das Ringen Lennons mit sich selbst ist unüberhörbar.

Seine künstlerischen (Selbst-)Wiederbelebungsversuche, zum Beispiel durch das Album *Rock 'n' Roll*, hatten allerdings nur mäßigen Erfolg. Er bemühte sich inständig, durch musikalische Arbeit wieder zu sich zu kommen, und nahm wieder mit McCartney Kontakt auf. Nach einer gemeinsamen Jamsession kam es jedoch zu keiner weiteren musikalischen Zusammenarbeit. Lennon versuchte sein Glück ohne seine alten Freunde und produzierte das Album *Walls and Bridges* Mitte 1974 mithilfe von Elton John. Das Album und die Single *Whatever Gets You Thru the Night* erreichten die erste Position in den US-amerikanischen Billboard-Charts. Der von Elton John begleitete Song ist musikalisch heiter und beschwingt. Und auch der Text erinnert an die alltäglichen Lebensfreuden. Er klingt aber auch wie eine Selbstbeschwörung: »Du brauchst keinen Schuss, um Dir den Verstand wegzublasen«.

Anfang 1975 zogen Lennon und Ono wieder zusammen und im Oktober bekamen sie einen Sohn. Lennon kümmerte sich um ihn und schien die Rolle als »Hausmann« zu genießen, während Ono die geschäftlichen Belange der Familie regelte. Beide äußerten öffentlich, dass sie sich bis zum fünften Lebensjahr ihres Sohnes in ihr Familienleben zurückziehen wollen. Dem Rock 'n' Roll-Zirkus entsagend und unterstützt von einigen Therapien gelang es Lennon, sich von seiner Heroinsucht zu befreien. Im August 1980 begann er mit Ono sein letztes Album *Double Fantasy* und beide planten Tourneen nach Japan, Europa und in die USA. Am Abend des 8. Dezember 1980 wurde Lennon von einem psychisch gestörten Attentäter vor seinem Haus erschossen. Seine Ermordung löste großes Entsetzen aus und seine Songs erreichten wieder Spitzenplätze in den Charts. Er ist bis heute als Musiker, Songwriter und Friedensaktivist unvergessen und bleibt ein inspirierender Begleiter für viele, die nach existenzieller und künstlerischer Selbstverwirklichung suchen.

Was machte John Lennon kreativ, was hinderte ihn?

Lennon war ein talentiertes Kind, das sich früh für Musik und Kunst interessierte. Im Selbststudium erwarb er sich die notwendigen Kenntnisse im Singen und Gitarrespielen. Neben Rock 'n' Roll interessierte er sich für viele Musikrichtungen. Im späteren Leben fühlte er sich von spirituellen, philosophischen und politischen Themen angezogen. Er verfügte über eine ausgeprägte Motivation zum künstlerischen Selbstausdruck. Allerdings wurde sein Antrieb zur künstlerischen Arbeit durch Drogen beschädigt. In seinen letzten Konzerten wirkte er, in starkem Kontrast zum Beispiel zu Madonna oder Jagger, eigentümlich energielos. Seine Persönlichkeitseigenschaften begünstigten seine Kreativität einerseits. Er war reizoffen, neugierig und flexibel. Seine Neigung, sich introvertiert zurückzuziehen, hat wohl auch seine Kreativität befördert, andererseits führte sie aber zu Verstimmungen und Drogenabhängigkeit, die seine Schöpferkraft lähmten. Auch seine Umgebungsbedingungen waren seiner Kreativität gleichzeitig zu- und abträglich. Er konnte seine schwierige Kindheit und traumatischen Verlusterlebnisse einerseits künstlerisch verarbeiten. Andererseits wurde er in einen Sumpf von Selbstzweifeln, persönlichen Enttäuschungen und Verzweiflungszuständen gezogen, aus dem er sich nicht immer mit künstlerischen, spirituellen und politischen Mitteln befreien konnte. Wiederum in Gegensatz zu Madonna und Jagger konnte er professionelle und erotische Beziehungen nicht genügend nutzen, um sich von seiner Verzweiflung und Selbstzerstörungsneigung zu befreien. Hass und Gewalt bekämpfte er künstlerisch und politisch, war diesen destruktiven Kräften aber auch mitunter persönlich ausgeliefert. Dennoch hinterließ er uns einzigartige Werke, die ihn künstlerisch unsterblich machen.

Amy Winehouse: Der gefallene Engel

Amy Winehouse starb einen ähnlichen Tod wie Jim Morrison. Mit 27 Jahren wurde sie leblos in ihrem Zimmer gefunden, die Autopsie ergab einen Blutalkoholgehalt von 4,16‰ (s. Newkey-

Burden, 2011). Eine wunderbare Künstlerin war verstummt. Wie kam es dazu?

Rehab, einer der erfolgreichsten Songs von Winehouse, besingt, wie sie dem Alkohol verfallen ist und sich gegen eine Entzugsbehandlung wehrt. 2008 gewann sie mit diesem Song einen Grammy. In diesem Lied verdichtete Winehouse ihre Tragödie. Die faszinierende Rhythm and Blues, Soul, Pop und Jazz-Sängerin erwähnt in *Rehab* ihre Vorbilder Ray Charles und Donny Hathaway. Sie erzählt, wie ihr Vater und ihre Freunde sie zu einer Entzugsbehandlung bewegen wollen. Dazu habe sie aber keine Zeit und fürchte, ihren Freund zu verlieren. Depression und Verzweiflung seien die Gründe, weswegen sie trinke:

> »Ich werde meinen Liebhaber verlieren / Deswegen habe ich immer eine Flasche in meiner Nähe. / Er sagte: ›Ich denke du bist depressiv‹ / Ja, das bin ich […] / Ich brauche nur, oh, nur einen Freund […] / Es ist nur, bis diese Tränen getrocknet sind«.

Die poetischen Verse des Songs entsprechen der Lebenssituation von Winehouse: Sie war mit einem drogensüchtigen Liebhaber zusammen, mit dem sie leidenschaftliche Nähe erleben konnte. Es kam aber auch immer wieder zu heftigen Auseinandersetzungen und dramatischen Trennungen. Schon einige Jahre vorher war sie nach jahrelangem und regelmäßigem Cannabis-Gebrauch depressiv und antriebslos geworden. Konsequenterweise wechselte sie zu antriebsteigernden Drogen wie Kokain und Amphetaminen, die sie noch tiefer herunterzogen. Es gelang ihr nicht, sich mit ihrer wunderbaren Musikalität und poetischen Kraft von depressiven Verstimmungen und ihrem Hass auf sich selbst zu befreien. Mit ihrem drogenabhängigen Liebhaber geriet sie in einen verzweifelten Teufelskreis und nahm sich schließlich mit suizidalen Mengen Alkohols das Leben.

Der 2015 erschienene dokumentarische Film *Amy* schildert eindrucksvoll diese tragische Entwicklung der am 14. September 1983 geborenen Künstlerin. Am Anfang sehen wir, wie Winehouse im Kreis von Freundinnen eine Jazz- und Blues-Version von *Happy Birthday* singt. Eine ihrer Freundinnen feiert ihren 14. Geburtstag und alle lutschen an Lolly Pops. Winehouse erscheint als attraktive junge Frau. Dann erklingt im Film *Moon River*, begleitet vom National Youth Jazz Orchestra. Winehouse ist jetzt 16 Jahre alt und erzählt von ihren Vorbildern Sarah Vaughan, Tony Bennet und anderen. Sie mag Jazz, Blues, Soul und Rock, »eine ganze Menge von allem«, wie sie sagt. Singen sei ihr Lebenselixier, sie sei glücklich, wenn sie singen könne. Es erklingen rhythmische Songs getragen von Winehouse anschmiegsam melodischer und gleichzeitig kämpferisch rauer Stimme. Damit weckt sie im Präsidenten der Firma Sony so tiefe Gefühle, dass er ihr ihren ersten Plattenvertrag anbietet. Anschließend blendet der Film in ihre frühe Jugend zurück, wo die 13-Jährige mit einer Freundin zusammenzieht, um von der Mutter ungestört Marihuana rauchen zu können. Ihre erste große Liebesenttäuschung verarbeitet sie in ihrem Song *Stronger Than Me*. Die Sängerin schildert ihre Suche nach einem Mann, an den sie sich anlehnen und mit dem sie sich selbst spüren kann. Stattdessen sei ihr Freund selbst hilfs- und trostbedürftig und könne ihr nicht das Gefühl vermitteln, ganz zu sein: »Du solltest stärker sein als ich [...] Du solltest der Mann sein [...] bei dem ich fühle, dass ich bin«.

Im Film erzählt Winehouse, dass sie nach eigenem musikalischen Ausdruck suche. Sie wolle mit ihren Songs etwas Neues und ganz Persönliches schaffen. Sie sollen zeigen, wie sie sich wirklich fühlt. In einem weiteren Song bekennt sie freimütig, dass sie einem anderen Mann nicht widerstehen konnte: »Seine Augen waren wie Deine [...] ich ging mit ihm ins Bett [...] Nein, das ist keine Treulosigkeit [...] ich dachte an Dich [...] er sah aus wie Du [...] ich dachte, dass die Liebe blind ist«. Winehouse singt im Film das Lied ihren Freund*innen vor. Hier gelingt es ihr, ganz unmittelbar eigene Gefühle und Erlebnisse auszudrücken. Auf ihren Tourneen fiel ihr dies schwerer und es bereitete ihr große Mühe, sich gegen die aufdringlichen Fotograf*innen zu wehren. Das wurde während ihrer Werbetour für das Album *Frank* im Oktober 2003 besonders deutlich. Sie wurde filmisch auf Schritt und Tritt begleitet und es schien, als würde ihr keine Intimität erlaubt sein. Marihuana spielte weiterhin eine große Rolle, Winehouse zeigte genüsslich ein Päckchen mit »Grass«. Möglichweise half ihr das, sich benebelt von den Übergriffen sensationslüsterner Presseleute und Fans zurückzuziehen.

Sie sang ihre Texte mit einer wunderbaren Soul- und Blues-Stimme und improvisierte auch als Jazz-Sängerin. Auf der Gitarre begleitete sie sich mit interessanten Rhythm and Blues- und Jazz-Akkorden. Ihre musikalische und literarische Begabung und ihr Können sowie ihre hohe künstlerische Motivation waren unübersehbar. Wie war es aber um ihre Widerstandfähigkeit und förderliche Umgebung bestellt?

Ein Szenenwechsel zeigt die etwa fünfjährige Amy, wie sie sich zunächst weinend und dann trotzig der Hand einer Frau entwindet. Ihre Mutter kommentiert, dass ihr Amy als Kind in dieser Zeit sagte: »Oh Mama, you're so soft with me, I could get away with murder«. Sie, die Mutter, sei nicht stark genug gewesen, um einfach »Stop« zu sagen. Wahrscheinlich wäre es wichtig gewesen, dem sehr aktiven, aber auch unsicher gebundenen Kind Grenzen zu setzen. Auch der Vater konnte diese Rolle nicht erfüllen, er sei nie da gewesen, wie Winehouse mehrfach betont. Sie singt: »Versteh doch, er war niemals ein Familienvater [...] all den Scheiß, den meine Mutter hasst [...] ich kann mir nicht anders helfen, als mein Freud'sches Schicksal aufzuzeigen, [...] eine tierische Aggression ist mein Untergang [...] meine destruktive Seite ist jetzt riesig angewachsen« (*Amy*, 2015).

Amy fühlte sich oft alleingelassen. In ihrer Jugendzeit gelang es ihr, Gefühle und Sehsüchte, Sorgen und Nöten künstlerisch zu bewältigen. Diese Begabung und Motivation wurde aber geschwächt durch frühen und regelmäßigen Marihuanakonsum. Nach wenigen Jahren wurde sie depressiv und entwickelte auch eine Essstörung. Ihre Familientragödie brachte sie mit wenigen Worten in ihren Songs zum Ausdruck. Die Verse sind umgeben von zauberhaften Jazz-Rhythmen und -Harmonien und ihr Pianist lobt ihre reine und emotionale Beziehung zur Musik. Sie selbst sagt, dass sie für ihre Musik sterben würde.

Mit 20 Jahren war Winehouse eine international anerkannte Jazz, Soul, Blues und Rock-Sängerin geworden. Sie gewann viele Preise und begeisterte ein Millionenpublikum. Allerdings griff sie neben Marihuana auch verstärkt zum Alkohol. Einer ihrer Begleitmusiker erzählte im Rahmen eines Konzerts 2004, dass sie eine ganz faszinierende Person sei und jeden unter den Tisch trinken könne. Ihre Auftritte sind aber noch mitreißend und bezaubern bis heute. An äußerlichem Erfolg war sie wenig interessiert. Wirklicher Erfolg bedeutete für sie, die Freiheit, alles andere zu vergessen und mit guten Musiker*innen ins Aufnahmestudio zu gehen. Sie wollte von den Medien in Ruhe gelassen werden und ihre Musik machen. Aber die öffentliche Trash-Szene vermittelte ein anderes Bild von ihr. Hier wurde sie immer mehr zu einer Sex & Drugs-Ikone stilisiert. Heutige Betrachtende gewinnen den Eindruck, als hätte sie sich in dieser Rolle verloren.

Auch ihre persönlichen Beziehungen wurden medial ausgeschlachtet. Mit einem befreundeten Musiker ließ sie sich näher ein und er verkaufte die Story ihrer Affäre unter dem Titel »Bindungssüchtige Amy kann's nicht im Bett« *(Bondage Crazed Amy Just Can't Beehive in Bed).* Diese Geschichte erschien, während sie mit ihrem On-off-Geliebten Blake Fielder-Civil zusammen war. Mit diesem fünf Jahre älteren Partner verlebte sie eine wilde Zeit. Leidenschaftliche Nähe wechselte mit heftigen Auseinandersetzungen. In einem Interview gab Winehouse zu, dass sie ihren Liebhaber schlage, wenn sie betrunken sei. Fielder-Civil zelebrierte seine Abhängigkeit von verschiedenen Substanzen und zog Winehouse in einen selbstschädigenden Drogensumpf. Ihre Eltern äußerten öffentlich die Besorgnis, dass sich beide selbst zerstören und sich schließlich das Leben nehmen würden. Fielder-Civil berichtete einer britischen Zeitung, dass er Winehouse mit Crack und Heroin bekannt gemacht habe. Beide würden sich Schnittverletzungen zufügen, um die Schmerzen beim Entzug zu mildern. Fielder-Civil war auch gewalttätig gegenüber anderen und musste deswegen im Juli 2008 über sechs Monate lang ins Gefängnis. Er war in eine Spirale von Drogen, Selbstzerstörung und Gewalt geraten, aus der er sich nicht mehr befreien konnte.

Im Januar 2009 erzählte Winehouse einem Musikmagazin, dass sie wieder eine Liebesbeziehung eingegangen sei und jetzt keine Drogen mehr benötige. Ihre jetzt beendete Ehe mit Fielder-Civil sei auf Drogen gegründet gewesen. Zwei Monate später berichtete sie einer Zeitung, dass sie Fielder-Civil aber immer noch liebe. Er sei die männliche Version von ihr selbst. Im Film *Amy* meint Fielder-Civil, dass beide wie Zwillinge seien, die sich selbst sabotierten. In einer Mischung von Liebe und Hass scheinen sie wie Pamela Courson und Jim Morrison voneinander abhängig zu sein. Fielder-Civil bestätigt, was Amy in einem ihrer Songs beschreibt: Ihre Promiskuität sei durch die Untreue ihres Vaters gegenüber ihrer Mutter verursacht worden.

Amy versuchte, die ständig krisengeschüttelte Beziehung mit Fielder-Civil in ihren Songs, zum Beispiel *Unholy War*, zu verarbeiten: »Ich weigere mich, ihn gehen zulassen [...]. An seiner Seite betrunken vor Stolz [...] und ich kämpfe bis zum bitteren Ende«. Hier verdichtet Winehouse ihre tiefe Leidenschaft, die sie mit Fielder-Civil verband, mit den zerstörerischen Aspekten ihrer Beziehung. Sie verleiht damit einer langen Kulturgeschichte von Liebe und Tod neuen Ausdruck. Es blieb aber nicht beim künstlerischen Ausdruck, sondern das Paar zerstörte sich auch in der Realität. In ihrem Song *Back to Black* verlieh sie ihrer verzweifelten Enttäuschung, schwarzen Melancholie und Selbstzerstörung bewegenden Ausdruck:

> »Er ließ keine Zeit zur Entschuldigung / Hielt seinen Schwanz feucht / Mit seiner alten sicheren Nummer / Ich selbst und mein

> Kopf sind high / Und meine Tränen trocken / [...] Und ich laufe in einer gestörten Spur / [...] Ich falle zurück ins Schwarze [...] / Wir sagten nur mit Worten Goodbye / Ich starb hundert Tode [...] / Ich liebe Dich sehr / Es ist nicht genug / [...] Und ich bin ein wertloser Penny [...] / ich falle zurück ins Schwarze«.

Winehouse besingt mit tiefem Ausdruck, die Soulmusik weiterentwickelnd, ihre Verzweiflung ähnlich eindrucksvoll wie die Doors in *Strange Days* und die Rolling Stones in *Paint it Black*. »Schwarz« steht aber nicht nur für ihre Depression, sondern sicher auch für das schwarze Loch, in das sie Unmengen von Alkohol zogen und wahrscheinlich auch Heroin, das Winehouse am schwersten schädigte. Sie ließ sich psychiatrisch untersuchen und nahm auch Medikamente gegen Entzugssymptome. Eine Psychotherapie verweigerte sie jedoch und ähnelt auch hierin Jim Morrison. Wie in dessen letzten Konzerten fand auch mit Winehouse auf der Bühne ein verzweifeltes, medial ausgeschlachtetes Opferritual statt.

Der Film *Amy* zeigt, wie ihr Untergang öffentlich inszeniert wurde: Wir sehen sie halb bewusstlos zusammengekauert auf dem Boden liegend, vor sich ein Whiskyglas. Der Manager kommentiert ihre Probleme. Ihr Vater meint, dass es ihr gut gehe und sie keine Behandlung brauche. Währenddessen werden Fotos gezeigt, wo sie schwer drogen- und/oder alkoholintoxikiert wirkt. Paparazzi belagerten sie ständig und trugen zur Zerstörung ihrer Intimsphäre bei. Viele wollten ein Stück von ihr besitzen. Und sie besang immer wieder ihre Abhängigkeit. Ihre Verse enthüllen, wie sehr sie sich bemühte, ihre Anhänglichkeit und Verletzbarkeit, Verzweiflung und Wut zu bewältigen. Auch ihr manchmal raues Auftreten konnte nur mühsam verdecken, wie sehr sie sich in ihrem Inneren bedroht und alleingelassen fühlte. Durch Alkohol und Drogen konnte sie sich quälenden Gefühlen entziehen, allerdings nur für kurze Zeit und mit dem Preis, dass sie ihre inneren Dämonen umso grausamer verfolgten.

Auch körperlich litt Winehouse. Wahrscheinlich durch ihr ständiges Rauchen bekam sie Atemprobleme als Symptom einer chronischen Lungenkrankheit. Möglicherweise war diese Erkrankung auch durch die Kombination von Cannabis mit Alkohol mitbedingt, eine Kombination, die zu Lungenfibrosen führen kann. Wenige Tage vor ihrem Tod erschien sie ihrem Bodyguard intoxikiert, aber am 23. Juli 2011 fand er sie noch lachend, Musik hörend und fernsehend bis 2 Uhr nachts. Um 3 Uhr schaute er noch einmal nach ihr und fand sie bewusstlos vor. Um 3:54 Uhr wurde der ärztliche Notdienst gerufen und wenig später ihr Tod verkündet. Die Untersuchungen nach ihrem Tod ergaben einen Blutalkoholgehalt von 4.16‰. Die wunderbare Stimme einer großen Künstlerin war verklungen und ein leidenschaftlicher Mensch war gegangen.

Die Medien überschlugen sich in ihrer Berichterstattung, renommierte Musiker ehrten sie mit trauernden Kommentaren und Patty Smith schrieb den Song *This is the Girl* als Hommage an Winehouse. Ihr Vater verabschiedete sich mit einem »Goodnight, my angel, sleep tight. Mummy and Daddy love you ever so much«[3]. Er verfasste eine Biografie mit dem Titel *Amy: My Daughter* (2012) und auch ihre Mutter schrieb ein Buch: *Loving Amy: A Mother's Story* (2014). Es wurde auch bekannter, wie großzügig sich Winehouse für wohltätige Zwecke eingesetzt hatte. Wie Madonna lagen ihr Kinder besonders am Herzen.

Zwischen Schöpfung und Zerstörung

Wenn wir uns wie bei Madonna und Lennon die Frage stellen, was Winehouse so erfolgreich machte und woran sie scheiterte, helfen uns die bereits erwähnten fünf Grundlagen der Kreativität.

3 https://newsfeed.time.com/2011/07/26/good-night-my-angel-friends-and-family-gather-for-amy-winehouses-funeral

Zweifellos war sie begabt und talentiert. Die Farben ihrer wunderbaren Jazz-, Soul- und Bluesstimme faszinieren uns bis heute. Sie war auch außergewöhnlich musikalisch. Auch die zweite Grundlage, das zur künstlerischen Kreativität notwendige Wissen und Können, war bei ihr ausgeprägt. Früh arbeitete sie mit ihrer Stimme, lernte die Musik bedeutender Vorbilder kennen und brachte sich das Gitarrespielen selbst bei. Ihre Motivation zum künstlerischen Ausdruck, als dritte Dimension der Kreativität, war stark ausgeprägt. Der Gesang war ihr wesentliches Ausdrucksmittel und in ihren Texten verarbeitete sie Verlassenheitsgefühle und Selbstzweifel.

Leider mangelte es Winehouse an Stabilität und Resilienz, um ihre psychischen Leiden künstlerisch zu bewältigen. Ihre Persönlichkeit als vierte Grundlage des kreativen Erfolgs war zu verletzlich, um sich auch in schwierigen Verhältnissen zu behaupten. Die positive kreative Eigenschaft der Neugier und Reizoffenheit verkehrte sich in Ausgeliefertsein und Durchlässigkeit. Um ihre Krisen zu bewältigen, wären stabilere Umgebungsbedingungen notwendig gewesen. Aber ihre Mutter erlebte sie nicht als stabilisierend und der Vater glänzte durch Abwesenheit. Sie fand auch keine kreative Peergroup, die sie vor ihren Stimmungsschwankungen, Alkohol- und Drogenexzessen hätte schützen können. In Liebesbeziehungen fand sie nur für kurze Zeit Zuwendung, Anerkennung und Sicherheit. Ihre »große Liebe« trug zu ihrer Selbstzerstörung erheblich bei.

Winehouse ist ein hervorragendes Beispiel für viele Künstler*innen, die nicht wegen, sondern trotz Alkoholexzessen und Drogenkonsum kreativ sind. Leider haben Alkohol und Drogen ihre Kreativität früh zerstört. Sie steht damit in einer Reihe mit Janis Joplin, Jimmy Hendrix, Brian Jones, Jim Morrison und Kurt Cobain, die alle im 27. Lebensjahr an Alkohol- und Drogen zugrunde gingen. Dahinter stehen Tausende von Fans, die in ähnlicher Weise starben. In Bezug auf Rock 'n' Roll, Jazz, Soul und Blues lässt sich mit Freddy Mercury zusammenfassen, dass Musik für Winehouse die erste Freundin war und auch die letzte. Musik war ihr Lebenselixier und ihre Musik bezaubert uns bis heute. Leider war die seelische Pein, die Winehouse durchlebte, zu stark und ihre Umgebung zu schwach, um das Geschenk, das sie uns mit sich und ihrer Musik machte, länger am Leben zu halten.

Jim Morrison: Der Schamane[4]

Die Bewältigung von individueller Verzweiflung und gesellschaftlicher Gewalt sind auch zentrale Themen in Leben und Werk der Popikone Jim Morrison. Diese Themen prägten, eingekleidet in schamanistische, mythische und biblische Motive, seine Texte und Songs von Anfang an. Er orientierte sich an indianischen Ritualen sowie dem Alten und Neuen Testament. Seit frühester Jugend las er die Werke von bedeutenden Dichtern und Denkern wie William Blake, Friedrich Nietzsche, Charles Baudelaire und Franz Kafka (s. Riordan & Prochnicky, 1991). In seinen Gedichten und Texten beschäftigte er sich schon in früher Jugendzeit mit Verzweiflung, Selbstzerstörung und Gewalt. Im Vergleich zu Madonna und den frühen Beatles sind die Texte seiner ersten Gedichte und Songs tiefgehender und dramatischer. Der erste Song auf der ersten LP der Doors *Break on through* knüpft an traditionelle Schöpfungsvorstellungen an. Oberflächlich betrachtet geht es um Sehnsucht nach Vergnügen und Grenzüberschreitung. Das ergreift und begeistert, insbesondere wegen der mitreißenden Rhythmik und originellen Melodik. Die Instrumentierung ist interessant, das Charisma und die Stimme Morrisons faszinieren. Aber dahinter steht eine tiefgründige Auseinandersetzung mit Depression und Aggression, die sein gesamtes Werk durchzieht.

Morrison stilisierte sich, in Wechselwirkung mit seiner Umge-

4 Teile dieses Kapitels wurden bereits in *Kreativität zwischen Schöpfung und Zerstörung* (Holm-Hadulla, 2011) veröffentlicht.

bung, zu einer Popikone und zu einem melancholischen Helden. Er verkörperte das Lebensgefühl seiner Generation zwischen grenzenlosem Hedonismus und tiefer Verzweiflung. Dieses Lebensgefühl war beseelt von der kreativen Sehnsucht nach einer besseren Welt und bedroht von monströsen Zerstörungspotenzialen. In seinen Texten und in seinem Leben versuchte Morrison der Bedrohung durch Hass und Gewalt, Lieblosigkeit und Verachtung mittels Grenzüberschreitungen und Luststreben zu entfliehen. Er wurde als eine mythischen Figur inszeniert, die schweren Verstimmungen ausgesetzt und gleichzeitig von wunderbaren Inspirationen beseelt war.

Seine Biografie zeigt, wie bestimmend die Auseinandersetzung mit Verzweiflung, Hass und Gewalt für ihn gewesen sind. James Douglas Morrison wurde am 8. Dezember 1943 in einem kleinen Ort in Florida geboren. Seine Mutter Clara war in den ersten Jahren Jims wichtigste Bezugsperson. Von ehemaligen Nachbar*innen wird sie als attraktiv und immer beschäftigt beschrieben. Ihren Sohn bestrafte sie zumeist durch Liebesentzug und Beschämung. Das Einflößen von Scham- und Schuldgefühlen sowie persönliche Entwertung erlebte der kleine Jim als beschämend und verletzend (s. Riordan & Prochnicky, 1991). Clara Morrison achtete peinlich darauf, dass ihr Sohn die Konventionen erfüllte, und schien wenig Verständnis für seine kreativen, eigenbrötlerischen und rebellischen Seiten zu entwickeln. So lehnte sie später, nachdem Jim sich von seinen Eltern losgesagt hatte und seine ersten poetischen und musikalischen Erfolge feierte, zaghafte Wiederannäherungsversuche ihres Sohnes wegen seiner langen Haare ab.

Zur Zeit seiner Geburt diente Jims Vater in der U. S. Navy und stieg später bis zum Admiral auf. Amerika befand sich inmitten des Zweiten Weltkriegs und George Stephen Morrison wurde kurz nach der Geburt seines Sohnes zu einem Kampfeinsatz um die von Japan besetzten Inseln im Pazifik abkommandiert. Er nahm an jenem blutigen Krieg teil, der zu den Atombombenabwürfen über Hiroshima und Nagasaki führte. Jim lebte während des Krieges mit seiner Mutter bei den Eltern des Vaters. Er wurde in dieser Zeit als munteres und empfindsames Kind beschrieben. 1947 wurde seine Schwester in einer Zeit geboren, in der die Familie wegen der häufigen Versetzungen des Vaters oft umziehen musste.

Rückblickend erzählte Morrison immer wieder von einem einschneidenden Kindheitserlebnis. In Interviews bezeichnete er es mehrfach als »wichtigsten Moment« in seinem Leben: Während einer Autofahrt mit seiner Familie zog ein schweres Gewitter auf. Sein Vater weckte ihn, um ihm die mächtigen und erschreckenden Wolken zu zeigen. Wenig später geschah ein schrecklicher Autounfall. Ein Lastwagen mit indigenen Minenarbeitern stieß mit einem anderen Auto zusammen, die Arbeiter wurden auf die Straße geschleudert und auf der Autobahn lagen ihre verblutenden Körper. Morrison beschrieb dieses Ereignis Jahre später in seinem Song *Dawn's Highway* als immer wiederkehrende Erinnerung. Sie begleitete Morrison sein Leben lang und stellt wahrscheinlich eine Verdichtung von erschreckenden Erfahrungen und frühkindlichen Ängsten dar.

Morrison identifizierte sich auf seine ganz eigene Weise mit den Opfern und glaubte später, vom Geist eines indigenen Schamanen besessen zu sein. Seine poetischen und identifikatorischen Bewältigungsversuche von Ängsten und Depressionen waren jedoch nicht ausreichend und deswegen begann Morrison früh in seinem Leben, seine inneren Dämonen durch Alkohol und Drogen zum Schweigen zu bringen. Die ihn bedrängenden Erlebnisse klingen auf eindrucksvolle Weise in seinen Texten und der sie begleitenden Musik nach und vermitteln Hörer*innen eine Ahnung von der tiefen Verzweiflung, aber auch der ganz besonderen Schönheit, die entsteht, wenn man am Abgrund die zum Kunstwerk transformierte Leidenschaft spürt.

Allerdings bewahrten die künstlerischen Bewältigungsversuche Morrison nicht davor, immer wieder destruktiven Verstimmungen ausgesetzt zu sein. In seinen Gedichten und Liedtexten beschrieb er seine Vernichtungsängste und Gewaltfantasien eindrucksvoll. Am tiefsten gehend erscheint seine kreative Auseinandersetzung mit Verzweiflung, Hass und Gewalt in dem Song *The End*, auf den ich am Ende dieses Kapitels zurückkommen werde. Besonders erschütternd ist dessen Verwendung im Film *Apocalypse Now*, wo er den grauenhaften Abwurf von Napalmbomben während des Vietnamkriegs »untermalt«.

In seinem sechsten Lebensjahr wurde Jims Bruder Andy geboren. Jim begann seine Schullaufbahn und wurde zu dieser Zeit als etwas phlegmatisch, scheu und zurückhaltend beschrieben. Zu seinem Vater schien er weiterhin keine vertrauensvolle Bindung zu entwickeln. Riordan & Prochnicky (1991) beschreiben diesen als charmant in der Öffentlichkeit, aber rigide und vernachlässigend in der Familie. Auch in der Schule fand Jim keine überzeugenden Autoritäten. Als sein Vater sich später mehr Zeit für ihn nahm, war es zu spät. Seine Erziehungsversuche führten nur zu Widerstand und Protest. Jim lehnte seine Eltern zunehmend ab, verhielt sich ungewöhnlich rebellisch. Die Eltern reagierten mit Ärger und emotionalem Rückzug, was zu einem Teufelskreis gegenseitiger Ablehnung führte. Jims Verhalten gewann zunehmend antisoziale Züge, was man im Sinne des Kinderarztes und Psychoanalytikers Donald W. Winnicott (1989) als verzweifelten Ruf auffassen kann, gesehen und beachtet zu werden.

Morrison fühlte sich auch seinen Geschwistern fern. Die Beziehung zu ihnen konnte die emotionale Kälte und Leere, die er mit seinen Eltern erlebte, nicht kompensieren. Oft betrachtete er ihre Anwesenheit mit Abneigung und Groll. Als Ältester übernahm er kaum eine überlegene und verantwortliche Rolle, sondern verhielt sich weitgehend desinteressiert und selbstbezogen. Sein Bruder Andy war für die Eltern weniger schwierig und wurde ihm vorgezogen. Es könnte sein, dass Andy bessere Startchancen bei den Eltern hatte, weil er in einer Phase größerer Stabilität und Zuneigung zwischen den Eltern gezeugt, erwartet und geboren wurde. Möglicherweise war er den Eltern emotional und intellektuell vertrauter als der fantasiebegabte, aber auch eigensinnige Jim. Andy Morrison berichtete später, dass sein Bruder ihn oft traktiert habe. Jim habe es nicht ertragen, wenn er seinen eigenen Interessen nachging: »Ich weiß nicht, wie oft ich fernsehen wollte und Jim sich auf mein Gesicht setzte und furzte. Oder [...] seine Knie auf meine Schultern setzte, sodass ich mich nicht bewegen konnte und sich sein Speichel über meinem Gesicht verschmierte« (zit. n. Riordan & Prochnicky, 1991, S. 30). Solches Verhalten verstärkte natürlich den Teufelskreis zwischen der mangelnden Zuwendung, unter der Jim litt, und seinem aggressiven Verhalten, das die Ablehnung seitens seiner Eltern und Geschwister verstärkte.

In den frühen 1950er Jahren zog die Familie wieder mehrfach um, bevor der Vater in den Koreakrieg abkommandiert wurde. Jim zog sich in dieser Zeit noch stärker zurück und begann, viel zu lesen. Er entwickelte ein eigentümliches Interesse an Reptilien und nannte sich später »Lizard King« in Anspielung auf den Aphorismus 276 aus Nietzsches *Jenseits von Gut und Böse* (1886):

> »Bei aller Art von Verletzung und Verlust ist die niedere und gröbere Seele besser daran als die vornehmere: die Gefahren der letzteren müssen größer sein, ihre Wahrscheinlichkeit, dass sie verunglückt und zugrunde geht, ist sogar bei der Vielfachheit ihrer Lebensbedingungen, ungeheuer. – Bei einer Eidechse wächst ein Finger nach, der ihr verlorenging: nicht so beim Menschen.«

In diesem Sinne schwankte Jim zwischen verletzlicher Offenheit und aggressiver Grobheit und entwickelte ein zerbrechliches Selbst, das einerseits äußerst sensibel und poetisch und andererseits rau und destruktiv war. Beide Ich-Zustände wechselten sich oft unvermittelt ab und waren schwer für ihn selbst und seine Umwelt zu steuern. Es ist verständlich, dass er angesichts seiner Verletzlichkeit die Widerstandsfähigkeit der Reptilien bewunderte. In einem Interview äußerte er, dass nur die Reptilien die Chance hätten, den nächsten Weltkrieg oder die totale Vergiftung unseres Planeten zu überleben (Riordan & Prochnicky, 1991).

Bücher wurden zu Morrisons wichtigsten Freunden. Sie vermittelten ihm Halt und ein gewisses Maß an Kohärenzerleben. Dabei war seine Faszination für Nietzsches Werke durchaus verständlich, denn auch in ihnen spricht, besonders in *Also sprach Zarathustra* – ein Buch, das ihn sehr anzog –, eine vereinsamte und verletzte Seele, die um ihr Überleben kämpft. Wie Nietzsche suchte er seine emotionalen Verletzungen durch narzisstische Pseudo-Unabhängigkeit zu bewältigen. So äußerte Morrison nach seinen ersten Erfolgen in Interviews, dass alle seine Familienmitglieder tot seien. Dies entsprach nicht der faktischen, aber seiner psychischen Realität: Er wollte sich von der bedrückenden Vergangenheit befreien und brach deswegen alle familiären Verbindungen ab. Bekanntermaßen werden wir alle vom Verdrängten und Abgespaltenen immer wieder eingeholt, und auch Morrison blieb in seiner unterschwelligen Melancholie seinen kindlichen Bedrückungen ausgeliefert.

Der Kampf gegen Ablehnung und Entwertung war seit seiner Schulzeit ein großes Thema. Er selbst fühlte sich als dicklicher Junge unattraktiv und wenig geachtet. Er zog sich zurück und fand in seinen Büchern Nahrung für Größenideen, die ihn über die alltägliche Realität hinwegtrösteten. Er störte in der Schule immer häufiger und fiel durch Disziplinlosigkeit auf. Dennoch zeigte er gute Leistungen und entwickelte sich zu einem begierigen Leser anspruchsvoller Literatur. Er soll einmal gesagt haben, dass der Schlüssel zu Erziehung und Bildung das Lesen sei. Dies könne man ganz allein tun und man finde alles, was man brauche, in Büchern (Riordan & Prochnicky, 1991). Seine Helden sind keine Rock 'n' Roll-Stars, Schauspieler oder Sportler, sondern William Blake, Charles Baudelaire, Arthur Rimbaud und Jack Kerouac. Er verschlang ihre Werke und konnte sich dadurch in seiner turbulenten Innenwelt besser orientieren. Wie erwähnt, fand er besonders bei Nietzsche eine ganz eigene Weltsicht und Moral, die die Werte der Eltern ersetzte. Er begann, Gedichte zu schreiben und auch ein Tagebuch, nachdem ihn Franz Kafkas Tagebücher tief beeindruckt hatten. Manchmal übernahm er ganze Seiten aus Kafkas Aufzeichnungen und kombinierte diese mit eigenen Gedanken. Ähnlich wie Kafka schien er seinen Vater als mächtige und schreckliche Autorität zu erleben, der er sich nur durch rebellisches Verhalten entziehen konnte.

Seiner Schulabschlussfeier 1961 blieb Morrison fern, um seine Verachtung für konventionelle Veranstaltungen auszudrücken. Anschließend zog er zu den Großeltern und zeigte auch hier massive Disziplinprobleme. Im College musste er sich nicht besonders anstrengen und fand viel Zeit für nächtliche Trinkexzesse. Er entwickelte einen extravaganten Lebensstil und ließ in Referaten seinen Fantasien freien Lauf. Gegen Ende seiner College-Zeit freundete er sich mit einer Kommilitonin an, die Tänzerin werden wollte und sich von seinen künstlerischen Seiten angezogen fühlte.

Nach seinem Studium an der Florida State University zog Morrison 1964 nach Los Angeles, um hier an der University of California, Los Angeles (UCLA) weiterzustudieren. Seine Eltern waren strikt gegen diesen Plan. Kurze Zeit später enteignete Steve Morrison seinen Sohn und brach den Kontakt zu ihm vollständig ab. Auch Jim schien sich vollständig von seinen Eltern und ihren Werten getrennt zu haben. Durch den Wechsel nach Kalifornien hoffte er, sich von allen lähmenden Bindungen befreien zu können. Viele Jugendliche waren damals ähnlich enthusiastisch in ihrer Sehnsucht nach alternativen Lebensformen, die sie mit »kalifornischem Träumen« verbanden. An der UCLA fühlte Morrison sich wie viele seiner Kommiliton*innen als Avantgarde und gemeinsam suchten sie nach unkonventionellen, Grenzen überschreitenden Erfahrungen. Allerdings sehnte er sich auch nach verbindlichen Beziehungen, zum Beispiel zu Mary Werbelow. Diese zog es jedoch vor, allein zu leben, und stellte ihre Karriere als Tänzerin über eine Beziehung zu Morrison. Er begann in dieser Zeit, sein Äußeres bewusst zu stilisieren und seinen »Morrison-Look« zu entwickeln.

Wie so häufig in der Adoleszenz führten Morrisons Befreiungsversuche zu verstärkten künstlerischen Aktivitäten. Er wollte Dichter werden, sich selbst ausdrücken und auch öffentliche Aufmerksamkeit gewinnen. Seine ersten Gedichte kreisen um Vereinsamung, Selbstverlust und Gewalt. In den später erscheinenden Gedichtbänden *The Lords* und *The New Creatures* (1969) finden sich Verse wie die folgenden: »Man braucht große Morde, um Felsen zu verrücken und die seltsamen darunterliegenden Würmer zu zeigen. Die Leben unserer verrückten Männer werden enthüllt.« In diesen Zeilen dominiert die Auseinandersetzung mit erschreckenden Erlebnissen, Gewalt und Zerstörung. Andere Verse beschreiben ängstigende körperliche und psychische Veränderungen:

> »Alles ist vage und schwindelerregend. Die Haut schwillt an und es gibt keinen Unterschied mehr zwischen den einzelnen Teilen des Körpers. Ein eindringliches Geräusch von erschreckenden, spottenden, monotonen Stimmen. Das ist die Furcht und die Anziehung, verschlungen zu werden.«

Insgesamt enthüllen Morrisons Gedichte seinen Kampf mit gewalttätigen Dämonen, die er versuchte, durch das Schreiben zu bannen. Das ist auch ein wesentlicher Aspekt seiner großen Vorbilder Blake, Nietzsche, Kafka und Kerouac. Wahrscheinlich spürte er, dass die literarische Qualität seiner Gedichte sich nicht mit derjenigen seiner Vorbilder messen kann. Anders ging es ihm mit seinen Songs. Die kreative Umgebung, die ihm die Doors boten, führten zu großartigen Liedern, die ein breites Publikum erreichten. Sie behandeln zwar ähnliche Themen wie seine Gedichte, doch werden diese durch die Zauberkraft der Musik in auch für andere bedeutende Kunstwerke verwandelt. Ein eindrucksvolles Beispiel für die Verwandlung von Einsamkeit und Verzweiflung ist der Song *Riders on the Storm*. Er mündet in die Sehnsucht nach einer umfassenden Liebe, die von Entfremdung und Gewalt erlöst. Danach hatte sich auch Morrison gesehnt. Sex erlebte er aber nicht nur als Befreiung, sondern auch als dunkel und ängstigend. Zwar fand er im Chaos seiner Gefühle durch Sex eine gewisse Ordnung und einen Zugang zu sich und zu anderen Menschen. Doch begann er früh, seine sexuelle wie auch seine kreative Potenz durch Alkohol und Drogen zu schädigen.

Nach einem ihn selbst sehr enttäuschenden Abschluss an der Universität von Kalifornien 1965 führte Morrison ein Bohème-Leben in Venice Beach. In diesem von Künstler*innen, Hippies und Aussteiger*innen bevölkerten Stadtteil von Los Angeles traf er mit seinem ehemaligen Kommilitonen Ray Manzarek zusammen. Dieser war begeistert von den Gedichten Morrisons und entdeckte seine schöne Stimme. Er motivierte Morrison, an seiner Stimme zu arbeiten und sich auf die Musik einzulassen. Wenig später gründeten sie mit Robby Krieger und John Densmore die Rockgruppe The Doors. Dieser Name lehnt sich an Aldous Huxleys *The Doors of Perception* an und gilt als eine Anspielung auf die Hoffnung, durch psychedelische Drogen sein Bewusstsein erweitern zu können.

1965, im Jahr seines künstlerischen Durchbruchs und der ersten Bühnenauftritte in unscheinbaren Clubs, lernte Morrison Pamela Courson kennen. Er blieb mit ihr in einer »offenen« und von vielen Krisen erschütterten Beziehung bis zu seinem Tod zusammen. Bald bestimmten Alkohol und Drogen ihr Leben. Ihre Sehnsucht, dadurch stärker zu erleben und ihr Selbst zu erweitern, entsprangen weniger einem schlichten Hedonismus als einer von beiden gefühlten Einsamkeit und Verzweiflung.

Morrison fand in seinen Texten Ausdruck für seine Verstimmungen und die Musik half ihm, Depression und Orientierungslosigkeit in Schönheit zu verwandeln. In vielen Songs beschrieb er, wie er von unbegreiflichen Stimmungen überfallen wird, die seine Existenz verdunkeln. Er fühlte sich traumatischen Erinnerungen und verwirrenden Fantasien ausgeliefert. Nur wenige Monate konnte Morrison seine schrecklichen Erfahrungen, die er besonders schonungslos in seinen Gedichten beschrieb, in Kunst verwandeln. Bald floh er vor dem Leben und der künstlerischen Arbeit in den exzessiven Konsum von Drogen und schließlich tödlichen Mengen von Alkohol. Anfänglich halfen ihm Alkohol und Drogen, seine Verstimmungen zu regulieren und das Chaos seiner Ideen zu ordnen, bald wurde die Selbstzerstörung jedoch unaufhaltsam.

In seiner Verzweiflung und Suche nach einer besseren Welt traf Morrison den Nerv seiner Generation. Diese sah sich in der kalifornischen Sonne und der Sehnsucht nach »Love and Peace« mit dem Grauen des Vietnamkriegs und der apokalyptischen Bedrohung durch Atomwaffen konfrontiert. Die Songs der ersten Langspielplatte der Doors drücken allerdings noch vorwiegend ihre jugendlichen Freuden und Leiden aus, die Kritik an den politischen Verhältnissen kam später. Morrison befand sich zur Zeit der Produktion seines ersten Albums in einem Wechselbad von Gefühlen. Er suchte nach Befreiung von lähmenden Bindungen und lernte – unterstützt von seinen Fans –, sich in sein Spiegelbild als Rockstar zu verlieben. Die berühmten »Young Lion«-Fotos von Joel Brodsky stilisierten ihn zu einem wunderschönen Narziss. Allerdings portraitierte ihn der Fotograf bewusst auch in einer Gekreuzigtenpose und deutete damit seine künftige Leidensgeschichte an.

Trotz der im Showbusiness meist notwendigen narzisstischen Selbststilisierung sehnte sich Morrison nach vertrauensvollen Bindungen. Seine Musikerfreunde gaben ihm zumindest anfänglich Halt und Courson vermittelt ihm eine gewisse Geborgenheit. Diese wurde aber durch flüchtige Affären und Drogenexzesse gestört und es kam immer wieder zu heftigen Zerwürfnissen. Sein Leiden an sich selbst und der Welt konnte er durch »Sex and Drugs and Rock 'n' Roll« nur für kurze Augenblicke bewältigen.

Seinen Weltschmerz drückte er berührend deutlich aus in Songs wie *Strange Days*, der im »Summer of Love« 1967 erschien. Das lyrische Ich oder, wie man auch sagen könnte, das poetische Selbst kann seine Verzweiflung nicht mehr überspielen. Der Rückzug in die alltäglichen Freuden des Lebens ist verstellt. Der Weg zur »nächsten Whiskeybar« oder zum »nächsten kleinen Mädchen«, wie noch im *Alabama Song* der ersten LP, ist verschlossen. Jetzt füllen »seltsame Augen seltsame Räume«. »Stimmen werden ihr müdes Ende ankündigen«. Im Schlaf wird das Selbst von Schuldgefühlen überfallen, die es schon lange überwunden zu haben schien: »Ihre Gäste schlafen nach ihren Sünden / Hört mich von Sünden reden / Und ihr wisst, das ist es«. In der melancholischen Entfremdung erlebt das poetische Selbst, wie es einsam umherirrt, sich auch körperlich entfremdet fühlt und traumatischen Erinnerungen ausgeliefert ist: »Und durch ihre seltsamen Stunden / Wandeln wir allein / Verwirrte Körper / Missbrauchte Erinnerungen«. Die Fluchtwege in grenzüberschreitende Exzesse sind verstellt, es droht die Erstarrung: »So fliehen wir aus dem Tag / in eine seltsame Nacht aus Stein«.

1968 brachten die Doors ihr drittes Album *Waiting for the Sun* heraus. Die Musik wurde gefälliger, aber auch blasser und die Texte banaler. Morrison schien an dunkler Leuchtkraft zu verlieren, aber die Songs sind doch bis heute bemerkenswert. Nachdenkliche Liebeslieder wie *Hello I love You* werden mit heiteren Harmonien und Rhythmen begleitet. Politische Themen verband Morrison mit seinem subjektiven Lebensgefühl, zum Beispiel im Song *The Unknown Soldier*. Die vierte LP der Doors, *The Soft Parade*, die 1969 erschien, zeigt den weiteren Niedergang Morrisons. Auch auf der Bühne und zu Studioaufnahmen erschien er kaum noch nüchtern, verspätete sich oft, sodass die Band Instrumentalversionen spielen oder Manzarek den Gesangspart übernehmen musste.

Dennoch enthält auch *The Soft Parade* noch bemerkenswerte Songs und Texte, die Morrisons Kampf mit seinen inneren Dämonen und den Schrecknissen der Welt poetisch verdichten. Die assoziationsreichen Texte laden zu vielen Interpretationen ein. Im Sinne der »Écriture Automatique« oder des »Stream of Consciousness« reihte Morrison unverbunden verschiedenste Themen aneinander. Wie im Rap dienen Reime als Brücken, die sich kaum in andere Sprachen übersetzen lassen. Gegenüber den früheren Songs, die Morrison berühmt gemacht hatten, fällt jedoch auf, dass *Soft Parade* nicht mehr unmittelbar verständlich erscheint und keine kohärente Struktur besitzt. Vermutlich ist dies ein Abbild von Morrisons Selbstgefühl in jener Zeit.

Während der Produktion von *Soft Parade* war Morrison durch seinen schädlichen Gebrauch von Alkohol und Drogen äußerlich schon schwer gezeichnet. Der noch zwei Jahre zuvor so anziehende Popstar war stark übergewichtig geworden und sein Gesicht wirkte aufgedunsen. Er vernachlässigte seine Kleidung und Körperpflege und erschien wie ein vollkommen haltloser Trinker. In seinen Auftritten wurde er immer chaotischer und entzündete, zum Beispiel 1969 in Miami, turbulenten Aufruhr mit wüsten Schlägereien. Wegen »indecent exposure« und »public profanity« wurde er gerichtlich verurteilt. Seine obszönen Inszenierungen scheinen vergebliche Versuche gewesen zu sein, durch Sexualisierung seine verloren gegangene poetische Kraft wiederzubeleben. Immer häufiger mussten geplante Konzerte abgesagt werden. Die Bandmitglieder der Doors schafften es aber, ihn zu Studioaufnahmen zu bewegen und zumindest für diese Aufnahmen zum kurzzeitigen Verzicht auf Alkohol und Drogen zu überreden. So erschien 1969 die LP *Morrison Hotel* mit einigen bemerkenswerten Songs. Psychologisch interessant ist, dass er mit *You Make Me Real* seine Sehnsucht ausdrückte, durch Sex und Liebe Verzweiflung und (Selbst-)Hass überwinden zu können.

Auch musikalisch kehrte Morrison in *Morrison Hotel*, zum Beispiel mit seinem *Roadhouse Blues*, zu alten Wurzeln zurück. In Blues-Songs konnte er seine Einsamkeit und Depression ausdrücken: »Gut, ich war unten und einsam«. Hass und Gewalt drängten sich wie in *Peace Frog* immer wieder in den Vordergrund: »Da ist Blut in den Straßen, es steht knöchelhoch [...] / Indianer zerschmettert auf der Autobahn der Dämmerung, blutend / Gespenster bevölkern des jungen Kindes Geist / zerbrechlich wie eine Eierschale«. Die Gewalt, die sich Morrison selbst antat, beherrschte auch seine Texte und Auftritte, er konnte sie aber im Gegensatz zu Madonna und Mick Jagger durch seine Kreativität nicht bändigen. So wurde die LP *L. A. Woman*, die im Oktober 1970 erschien, seine letzte. Nach langer Unterbrechung gelang es seinen Musikerfreunden, Morrison noch einmal zu einigen halbwegs nüchternen Studioaufnahmen zu bewegen. Es entstanden großartige Songs wie *Love her Madly*, *L. A. Woman* und *Riders on the Storm*. In *Been Down so Long* gelang es ihm noch einmal, seinen Verstimmungen bleibenden künstlerischen Ausdruck zu verleihen.

Die Sehnsucht, durch erotische Beziehungen von seiner Verzweiflung befreit zu werden, durchzog Morrisons Leben und durchzieht sein Werk. Leider schützten ihn seine Liebesbeziehungen und schöpferischen Begabungen nicht genügend vor seinen selbstzerstörerischen Energien. Seine persönlichen Bindungen waren zu wechselhaft und seine kreative Disziplin zu schwach, um seine Verzweiflung an sich und der Welt zu bewältigen. Auch seine Freundschaften mit anderen Popikonen wie Andy Warhol konnten ihn nicht erden und waren für ihn meist nur unter Drogen zu ertragen. Sex mit Groupies hinterließ Leeregefühle und konnte seine depressiven Verstimmungen nicht beheben.

Morrisons Hoffnungen auf Erfüllung im dunklen Glanz von Rausch und Ekstase wurden zunehmend unrealistischer. Seine Auftritte entgleisten immer mehr in ein delirierendes Chaos. Im Jahre 1970 nahmen seine aggressiven Ausbrüche merklich zu und er schien nur noch selten nüchtern zu sein. In Konzerten wurden seine Verzweiflung und Selbstzerstörung unübersehbar. Im März 1971 ergriff er die Flucht aus seinem desorganisierten Leben und ging nach Paris. Freund*innen schilderten ihn in dieser Zeit als

»schwer depressiv« und »vereinsamt«. Angeblich plante er die Rückkehr in die USA und vertrieb sich die Zeit mit langen Spaziergängen durch die Stadt und unmäßigem Alkohol- und wahrscheinlich auch Drogenkonsum. Er verlor jede Kraft, sich künstlerisch auszudrücken, und verzweifelte vollends. Am 3. Juli 1971 wurde Jim Morrison im Alter von 27 Jahren von seiner Freundin Pamela Courson tot in der Badewanne aufgefunden. Sie berichtete nach ihrer Rückkehr in die USA, dass er an einer Überdosis Heroin gestorben sei. Courson starb drei Jahre später ebenfalls an einer Überdosis Heroin und gleichfalls mit 27 Jahren. Auch sie ging im Kampf zwischen schöpferischen und zerstörerischen Kräften unter.

Die eindrucksvollste Verdichtung von Morrisons Kampf mit schöpferischer Leidenschaft und zerstörerischer Verzweiflung findet sich in seinem mythischen Song *The End*. Wenn wir diesen Text unter psychoanalytischen Gesichtspunkten betrachten, so sticht ins Auge, dass der Autor oder das poetische Selbst zu einem narzisstischen Spiegelbild spricht, seinem »schönen Freund«. Aber dieses Spiegelbild antwortet nicht, zumindest fürchtet das poetische Selbst die Resonanzlosigkeit. »Mein einziger Freund« mag das narzisstische Eingeschlossensein bedeuten, ein Zustand, in dem sonstige Bezugspersonen nicht mehr zu erreichen sind. Die Zukunft ist verschlossen: »das Ende als unserer Pläne«. Die Welt zerbricht und das Chaos beginnt seine Regentschaft: »das Ende von allem Dasein«. Dies betrifft sowohl die Außen- als auch die Innenwelt. Die psychischen Strukturen werden dermaßen labilisiert, dass sich das Ichgefühl und das persönliche Selbst auflösen.

Auch die gewohnten Bezüge des Lebens lösen sich auf – »keine Sicherheiten mehr« – und die Hoffnung auf die Rückkehr in eine gemeinsame Welt weicht: »Nie wieder werde ich in Deine Augen sehen können«. Die Vision einer grenzenlosen und freien Welt – »Kannst Du Dir vorstellen, was sein wird? So grenzenlos und frei« – führt in eine verzweifelte Einsamkeit. Der

Verlust von natürlicher Selbstverständlichkeit, geordneten Strukturen und Werten aktiviert das Bedürfnis nach Unterstützung in einer Welt voll Verzweiflung: »Verzweifelt bedürftig eines Fremden Hand / In einem verzweifelten Land«. Wird hier die Sehnsucht nach Gott bzw. nach seinem Gegenspieler, der später in Gestalt der Schlange auftaucht, angedeutet? Bedeutet »verloren in einer römischen Wildnis des Schmerzes« eine überwältigende Verzweiflung, die nicht mehr durch eine göttlich-christliche Hoffnung geordnet und gemildert werden kann?

Seelische Schmerzen und Verzweiflungsgefühle führen zur Auflösung des Ichs und zum Wahnsinn: »Alle Kinder sind wahnsinnig«. Erinnerungen an frühkindliche Ängste und Entbergungsgefühle tauchen auf, angelehnt an frühe Traumata und die Sehnsucht, in der Natur aufgehoben zu sein: »Im Warten auf den warmen Sommerregen«. Man fühlt sich erinnert an Morrisons Faible für indigene Riten und ihre Naturverbundenheit. Die zivilisatorischen Genüsse sind verführerisch, wie zum Beispiel in den Songs *L. A. Woman*, *City of Light* und *Twentieth Century Fox* besungen. Sie sind aber auch gefährlich: »Gefahr herrscht an den Stadträndern«. Das poetische Selbst fühlt sich angezogen und bedroht von den Abgründen der eigenen Erinnerungen: »Böse Szenen in der Goldmine«. Im Hintergrund die Klage darüber, was wir der Mutter Erde antun. Dagegen kann die taumelnde Suche nach Lust und Unterhaltung nur vorübergehend helfen: »Nimm den Highway West, Baby«, die Straße der Träume führt zu keiner Erlösung.

Die Oberfläche ist höchst brüchig und das Selbst gerät unversehens in archaische Tiefen: »Reite die Schlange zu dem See, dem urtümlichen See«. Morrison, der sich »Lizard King«, König der Eidechsen, nannte, um etwas Unzerstörbares angesichts der um sich greifenden Destruktivität festzuhalten, wählte hier das mythische Bild der Schlange. In der Mythologie ist sie nicht nur Symbol des Bösen, sondern auch des Unzerstörbaren. Sie führt in Abgründe, auch in Abgründe der Lust, und ist damit auch schöpferisch. So rührt die sexuelle Lust, wenn sie wirklich den Namen Lust verdient, an tiefste Schichten des Erlebens – »den urtümlichen See« –, mit denen Frau und Mann im Orgasmus in Berührung kommen. Man könnte hier an die altägyptischen Schöpfungsmythen denken, die in den Samen des Urschlamms den Ursprung alles Lebendigen sehen.

Lust evoziert eine Veränderung von Raum und Zeit, »will Ewigkeit, nur Ewigkeit«, wie Nietzsche sagte, und führt in die Abgründe archaischen Erlebens: »Die Schlange ist lang; sieben Meilen. Sie ist alt und ihre Haut ist kalt.« Diesen kraftvollen Abgründen, die faszinieren, aber nur für mehr oder weniger kurze Augenblicke der poetischen Illumination zu ertragen sind, entzieht sich das poetische Selbst durch einen ironischen Gegenwartsbezug: »Der Westen ist am besten.« Aber auch hier begegnet das Magische und Unheimliche: »Der blaue Bus ruft nach uns. Fahrer, wo bringst du uns hin?« Im Ritt der kraftvollen Schlange regt sich möglicherweise eine Sehnsucht nach einer magischen Verbindung von Vergangenheit, Gegenwart und Zukunft, wie sie Morrison in rituellen indigenen Tänzen inszeniert fand. Die Lust und das Schöpferische sind aber so verwirrend, dass sie in ein Chaos führen, das das poetische Selbst nur durch Gewalt ordnen kann: »Vater, ich will dich töten / Mutter ich will dich f…« Dies erscheint als ödipaler Strukturierungsversuch einer früh verkörperten Verzweiflung, Vernichtungsangst und Destruktivität.

Doch das poetische Selbst will leben und sucht nach der Befreiung aus seinen Verstrickungen durch Kommunikation und Aktivität: »Komm her, Liebling, versuch dein Glück mit uns«, bedeutet die Wendung ins Leben. Das Selbst sucht sich durch Sexualität und durch die Gestaltung seiner Welt, insbesondere durch Poesie und Musik, aus den Schrecknissen von mythischer Gewalt und Destruktivität zu befreien. Allerdings gelingt dies nur für den Augenblick der sexuellen Erfüllung und künstlerischen Inspiration. Es stellt sich sogleich wieder das Ende von Freude und

»sanften Lügen« ein: »Das ist das Ende.« Erträglich werden diese apokalyptische Stimmung und Gewalt durch die Gestaltung in Dichtung und Musik.

Gelingen und Scheitern schöpferischer Bewältigung von Depression und Aggression

Wie zu allen Zeiten, wie in jeder Kultur und wie für die meisten Menschen war Musik von elementarer Bedeutung für Morrison. Dem mythischen Orpheus ähnlich kämpfte er mit seinem Gesang und seinen Dichtungen gegen die Mächte der Unterwelt. Auch durch Ekstase und Sexualität suchte er nach Erlösung von inneren Verstimmungen und seinem Leiden an der äußeren Welt.

Auf eine wunderbare Weise gelang es ihm, mit seinen Songs melancholischen Gefühlen und chaotischen Gedanken eine Gestalt zu geben und damit ihren zerstörerischen Kräften entgegenzuwirken. Dies soll abschließend an dem Song *When the Music is Over* noch einmal illustriert werden. Darin fasste Jim Morrison sein Leiden an sich und der Welt, seine Resignation und Rebellion, seine Sehnsucht nach Liebe und seine Faszination an der Gewalt zusammen. Untermalt von suggestiven Rhythmen und Harmonien rufen die ersten Verse eine Stimmung von Vergänglichkeit hervor. Hörer*innen spüren ein melancholisches Verlöschen. Text und Musik erzeugen eine Untergangsstimmung, während des Sängers Stimme Nähe und Menschlichkeit vermittelt. Im Song wird besungen, dass die Musik der wichtigste, ja der einzige Freund in einer sonst unheimlichen Welt ist: »Die Musik ist dein einziger Freund / Bis ans Ende, ans Ende, ans Ende«.

Dichtung und Musik ermöglichen, dass wir die engen Grenzen des Alltags überschreiten können. Sie wirken als »Tanz auf dem Feuer«, ohne im Chaos von Gewalt und Zerstörung zu versinken. Im Leben und auf der Bühne inszenierte sich Morrison zunehmend als gefährlicher Zerstörer. Er beleidigte sein Publikum und gefährdete es zum Beispiel durch das Herumschleudern eines eisernen Mikrophons und die Tumulte, die er selbst erzeugte. Seine destruktiven Impulse richteten sich jedoch am stärksten gegen sich selbst. In *When the Music is Over* besingt er einen radikalen Verlust von Hoffnung. An die Heilung durch Musik und Dichtung scheint er nicht mehr zu glauben. Die Musik verklingt, er kann sie nicht mehr als inneren Trost und Mittel zum Kontakt mit anderen nutzen. Er singt, dass er sein »Anrecht auf Wiederauferstehen«, auf die Erlösung, verloren hat und nur in einer »Verwahranstalt« Schutz gegen seine inneren Dämonen finden kann. Dort begegnet er Freunden, denen es ähnlich ergangen ist.

Im Spiegel kann der Sänger sich nicht wiederkennen, er ist sich selbst fremd geworden und fühlt sich »irgendwie verfolgt«. Der Text verwirrt sich, es ist unklar, ob »das Mädchen im Fenster« herunterspringen will. Das poetische Selbst versinkt im »großen Schlaf« und sehnt sich doch nach dem »Schrei des Schmetterlings«. Der Schmetterling ist ein klassisches Symbol für frühlingshaften Lebensbeginn, aber auch rasche Vergänglichkeit. Im Song wird dieser Kreislauf nicht als Kreislauf der Natur gelassen beschrieben, sondern als Drama inszeniert: »Der Schmetterling schreit.«

Im nächsten Vers versucht das poetische Selbst dem Untergang zu entkommen und durch die Liebe seine Lebendigkeit wiederzufinden: »Komm zurück, Geliebte / Zurück in meine Arme«. Es versucht, der Depressivität und Destruktivität zu entrinnen: »Wir werden des Herumhängens müde / Des Wartens mit hängenden Köpfen«. Dabei hilft die Musik: »Ich höre einen sehr sanften Klang«. Jeder wird beim Hören dieser musikalisch sehr berückenden Passage, die der warme Bariton Morrisons den Zuhörer*innen zuspielt, seine eigenen Erinnerungen und Empfindungen entwickeln. Die Musik verschafft hier die – möglicherweise lebenswichtige – Illusion der Vereinigung mit Schönheit, Natürlichkeit und Humanität. Der Klang in Morrisons Lied kommt »sehr nahe, doch sehr fern / sehr sanft, doch sehr klar«. Nach dieser sehnsüchtigen und hoffnungsvollen Passage überfällt das poetische Selbst aber wieder der Schmerz über die Destruktivität der Menschen: »Was haben sie der Erde angetan? / Was haben sie nur unserer schönen Schwester angetan? [...] Sie haben sie ans Holz gebunden und vernichtet.«

Morrisons häufige Anspielungen auf die Bibel und seine Identifikation mit dem gequälten Jesus Christus und der vernichteten indigenen Bevölkerung Amerikas münden in eine Anklage der menschlichen Zerstörung von Natur und Welt. Im Hintergrund regt sich aber doch wieder eine leise Hoffnung, durch Musik und Gesang erlöst zu werden. Im Lied vernehmen wir, untermalt von ergreifenden Rhythmen und Tönen: »Ich höre einen sehr sanften Klang / Mit deinem Ohr auf dem Boden«. Hier wird der ursprüngliche Bezug zur »Mutter Natur« wie in einem indigenen Tanz beschworen. Das poetische Selbst protestiert gegen gewaltsame Naturzerstörung, der Song wird lauter und der Sänger schreit verzweifelt: »Wir wollen die Welt ... – Jetzt!« Dieser Vers wird wiederholt und dann endet er in einem fragenden »Jetzt?« – und der Antwort: »Jetzt!«

Das Lied wird anschließend wieder sanfter intoniert und der Text schreibt die Sehnsucht nach Liebe und Erlösung fort: »Persische Nacht! Geliebte / Sieh das Licht! Geliebte / Rette uns! / Jesus! / Rette uns!« Der Song klingt aus mit der Wiederholung der ersten beiden Strophen und entlässt die Hörer*innen nachdenklich, getröstet, auf schöne Weise verwirrt, so, als wäre das Schreckliche – für einen Augenblick – überwunden. Wir fühlen uns an Rainer Maria Rilkes Vers aus den *Duineser Elegien* erinnert: »Denn das Schöne ist nichts als des Schrecklichen Anfang, den wir noch grade ertragen«.

Aus Sicht der »Großen Fünf der Kreativität« können wir Folgendes zusammenfassen: Morrison war sehr begabt und verfügte über viele Talente. Er eignete sich ein breites kulturelles Wissen an sowie besondere gesangliche Fertigkeiten. Er war auch künstlerisch hoch motiviert. Leider mangelte es ihm an Disziplin, um seine Inspirationen über längere Zeiträume auszuarbeiten. In

Bezug auf seine kreativen Persönlichkeitseigenschaften war er außergewöhnlich neugierig und reizoffen. Aber auch hier fehlte die nötige Widerstandsfähigkeit und Resilienz, um Krisen kreativ bewältigen zu können. Seine Umgebungsbedingungen waren seiner künstlerischen Entwicklung anfangs nicht zuträglich. Er fand in seiner Kindheit und frühen Jugend bei Eltern, Geschwistern und Freud*innen nicht die positive Resonanz, die ihn vielleicht von seinen schweren Verstimmungszuständen hätten schützen können. Erst nach seiner Studienzeit fand er bei Manzarek und den anderen Künstlerfreunden der Doors genügend Bestätigung und ausreichenden Halt. Gemeinsam mit ihnen gelang es ihm für drei bis vier Jahre, Kunstwerke von bleibender Schönheit zu erschaffen.

Allerdings war die persönliche und künstlerische Resonanz, die ihm die Doors, seine Liebesbeziehungen, besonders diejenige mit Courson, und andere Freundschaften vermittelten, nur für kurze Zeit ausreichend, um ihn gegen seine Verstimmungen und selbstdestruktiven Tendenzen zu schützen. Drogen und Alkohol brachten auch nur kurzzeitige Erleichterung und führten ihn schließlich in den Untergang. Er fand sich auf außergewöhnliche Weise Verstimmungszuständen ausgesetzt und fasste diese in Text und Musik. Er lieferte sich Grenzbereichen menschlicher Erfahrung aus, die wir »Normalsterbliche« eher vermeiden. Vielleicht macht dies einen Teil seiner zauberhaften Wirkung aus, die uns bis heute ergreift. Zentrale Themen seiner künstlerischen Arbeit waren Verzweiflung, Hass und Gewalt. Allerdings hat er diese destruktiven Kräfte so intensiv miterlebt, dass er selbst im Feuer seiner Inspirationen verbrannt ist. Aber auch dies trägt wahrscheinlich zu seinem Weltruhm bis heute bei.

Mick Jagger: Sympathy for the Devil

»Nenn mich doch einfach Luzifer«, ist der Höhepunkt von *Sympathy for the Devil*, eines der wirkmächtigsten Songs der Popgeschichte. Das Lied erzählt aus der Perspektive eines wohlhabenden, stil- und geschmackvollen Mannes, wie er sich herumtreibt, um den Menschen ihre Seele und ihren Glauben zu rauben. Er schildert, dass er dabei war, als Jesus von Zweifeln und Qualen gepeinigt wurde und Pontius Pilatus »sein Schicksal besiegelte«. Auch bei der Ermordung des Zaren und seiner Minister während der russischen Oktoberrevolution sei er anwesend gewesen, während »Anastasia vergeblich schrie«. Er habe im Blitzkrieg der deutschen Nazis einen Panzer gelenkt und sei zum General ernannt worden, als »die Körper verfaulten«. Aufgeregt schildert der Sänger den Hundertjährigen Krieg zwischen England und Frankreich, in dem diese Nationen um ihre »selbst erschaffenen Götter« stritten. Und auch für die Ermordung der Kennedys waren letztlich »Du und Ich« verantwortlich. Der Song beschreibt die rituelle Ermordung von in Indien umherziehenden Sängern, »bevor sie Bombay erreichten«. Und schließlich stellt er fest, dass »jeder Polizist ein Krimineller« und »jeder Sünder ein Heiliger« sei. Somit sei es empfehlenswert, sich mit dem Teufel höflich anzufreunden.

Mick Jagger und die Rolling Stones knüpften mit ihrem Text an alte Traditionen an, die sich mit dem Bösen auseinandersetzen. In der Zeit der Komposition las Jagger den Roman *Der Meister und Margarita* von Michail Bulgakow. Seine Geliebte Marianne Faithfull, die *As Tears Go By* so wunderschön gesungen hat, soll ihn mit diesem Buch in Berührung gebracht haben. Es beginnt mit einem Vers aus Goethes *Faust*, den es zu seinem Motto wählt: »Faust: Nun gut, wer bist du denn? – Mephisto: Ein Teil von jener Kraft, / die stets das Böse will und stets das Gute schafft.«

In seinem Song behandelt Jagger das Böse wie Goethe im *Faust* nicht als abstraktes Thema, sondern in seinen konkreten Erscheinungsformen. So wie Goethe an seinem *Faust* fast 60 Jahre gearbeitet hat, interpretiert Jagger den Song *Sympathy for the Devil* seit über 50 Jahren immer wieder neu. Er ist für ihn ein fast lebenslanger Begleiter, so wie *Faust* für Goethe ein lebenslanges

»inneres Märchen« gewesen ist. Und der Text hat auch allgemeine Bedeutung, weswegen es sich lohnt, ihn genauer zu betrachten. Wie in Goethes *Faust* geht es darum, das Dämonische und Teuflische kennenzulernen, ja sich mit ihm anzufreunden, um das Böse bewältigen zu können. Den Song als satanisches Manifest aufzufassen, ist ein großes Missverständnis. Berücksichtigt man die Hintergründe der Romanvorlage *Der Meister und Margarita*, kann man auch den Einfluss der psychoanalytischen Theorie vom Destruktions- oder Todestrieb ahnen.

Sigmund Freud hatte 1920 in *Jenseits des Lustprinzips* den erotischen und Lebenstrieben eine zerstörerische Macht gegenübergestellt, die er »Todestrieb« nannte. Er sah in Natur und Gesellschaft nicht nur konstruktive, sondern immer auch destruktive Kräfte wirksam werden. In seinem Brief »Warum Krieg?« an Albert Einstein im September 1932 resümiert Freud (1933b), dass die kulturelle Entwicklung die einzige Chance der Menschheit sei, ihre zerstörerischen Kräfte zu bewältigen. Kulturelle Aktivität, einschließlich wissenschaftlicher Arbeit, sei unerlässlich, um das Böse wahrzunehmen und kreativ zu transformieren. Zu diesem konstruktiven Prozess haben Jagger und die Rolling Stones durch ihre Songs beigetragen. Dabei haben sie allerdings auch, wenn man zum Beispiel an den Gewaltausbruch im Rahmen des berühmten *Altamont Free Concert* denkt, zerstörerische Kräfte entbunden.

Musikalisch ist *Sympathy for the Devil* ein Höhepunkt im Schaffen der Rolling Stones. Ein eingängiges harmonisches Thema wird von Rhythm and Blues- und Rock 'n' Roll-Rhythmen begleitet, die durch einen Samba-Rhythmus überlagert werden. Maracas und Congas verstärken den Samba-Rhythmus und Nicky Hopkins steuert eine kongeniale Klavierbegleitung bei. Es verwundert nicht, dass die Stones den Song immer wieder neu aufführen. Für Jagger ist er ideal, um seine luziferischen Seiten zu inszenieren, besonders das sexuell Anziehende und aggressiv Abstoßende. Immer aufwändigere Konzerte machen diesen Song zu einem Markenzeichen von Jagger und den Rolling Stones. Jagger findet in immer wieder neuen Variationen ein Ausdrucksmittel, das auch ihm persönlich hilft, depressive Stimmungen und aggressive Regungen zu verarbeiten.

Gleichzeitig zu seiner Auseinandersetzung mit dem Bösen in der Welt befasste sich Jagger schon zu Beginn seiner Laufbahn mit der dunklen Innenseite des Bösen: der selbstzerstörerischen Melancholie. Seine frühen Blues-Songs und besonders die Ballade *Paint it Black* sind hierfür beispielhaft. Sie entstand in einer Zeit, in der sich Jagger und die Rolling Stones ihren weltweiten Ruhm erarbeiteten. Das 1966 erschienene Lied bescherte Jagger einen Riesenerfolg und begleitet ihn wie *Sympathy for the Devil* seit über 50 Jahren in immer wieder neuen Interpretationen. Die Ballade knüpft an die klassische Literatur zur schwarzen Melancholie an: »Ich schaue in mich hinein und sehe, dass mein Herz schwarz ist«. Der Text schildert eindrucksvoll eine schwere melancholische Verstimmung[5]. Ausgelöst scheint die Depression durch den Verlust einer geliebten Person zu sein. Die schwarze Melancholie wird in poetische Bilder gekleidet: »Kein Farben mehr, ich will, dass sich alles in schwarz verwandelt«. Durch die poetische und musikalische Gestaltung wird die Depression greifbarer und erträglicher. Der Gitarrist Brian Jones untermalt den Song mit berückenden Sitarklängen, fügt damit der Rockmusik neue Stimmungen hinzu und verleiht ihr ganz ungewöhnliche Farben.

Schauen wir uns an, woher Jagger seine Inspirationen bezogen hat. Er wurde inmitten des Zweiten Weltkriegs am 26. Juli 1943 in dem kleinen südenglischen Ort Dartford geboren. Dieser Ort lag in der Reichweite der V-1-Raketen des Naziregimes, die diesen Landstrich teilweise verwüsteten. Das Nachbarhaus der Jaggers wurde zerstört und ihre Bewohner*innen getötet. Dennoch versuchte besonders Eva Jagger, Micks Mutter, einen ge-

5 Zur Differenzierung von Melancholie und Depression s. Holm-Hadulla & Draguhn (2015).

ordneten und Geborgenheit vermittelnden Haushalt zu führen. Sie hörte gern Musik, ihr Lieblingssänger war Bing Crosby, und sie nahm vier Jahre lang Klavierunterricht (Andersen, 1993). Seit ihrer Schulzeit tanzte sie gern und bewunderte dementsprechend auch Ginger Rogers. In den wirtschaftlich schwierigen Zeiten der »Großen Depression« fand sie Arbeit als Friseurin und lernte mit Anfang 20 Basil Jagger kennen, der als Sportlehrer an einer Schule arbeitete. Dieser wird als höflich geschildert, er kam aus einer Mittelklasse-Familie und verfügte über eine College-Ausbildung. Das Paar heiratete einige Jahre später. Basil, genannt Joe, war karrierebewusst und entwickelte sich zu einem anerkannten Sportlehrer an einem angesehenen katholischen Lehrerkolleg. Er etablierte sich als führender britischer Experte im Basketball, schrieb ein erfolgreiches Buch und wurde in den British Sports Council berufen.

Währenddessen führte Eva einen perfekt organisierten Haushalt. Ihr erstes Kind wurde im Juli 1943 auf den Namen Michael Philip getauft. Den bekannten Biografien folgend war er für seine Eltern ein Sonnenschein. Sein Bruder Christopher kam im Dezember 1947 zur Welt. Beide Brüder wuchsen trotz der harten Kriegs- und Nachkriegszeiten relativ behütet auf und wurden früh sportlich trainiert. Disziplin galt als hoher Wert in der Familie und Michael Philip, Mick genannt, schien sich dem gern zu fügen.

Mick zeigte früh sein Interesse an Musik, sang laut, hörte im Radio Swing und Jazz und tanzte dazu. Andersen (1993) beschreibt ihn als Ausbund von Energie und immer in Bewegung. Mick war ein guter und fleißiger Schüler. Ein Lehrer schilderte ihn als heiter, freundlich und hilfsbereit. Während seiner Schulzeit begann etwas, was in so vielen Biografien von Künstler*innen eine große Rolle spielt: Er traf einen gleichgesinnten Kameraden. Keith Richards war ähnlich fasziniert von Rhythm and Blues und Rock 'n' Roll wie Mick und konnte im Gegensatz zu ihm schon recht gut Gitarrespielen. Im Gegensatz zu Mick kam Keith aus bildungsfernen Verhältnissen und hatte auch Probleme in der Schule. Seit seinem siebten Lebensjahr spielte er aber Saxophon und zum Gitarrespielen regte ihn sein Großvater an. Der junge Keith verbrachte ganze Nachmittage mit diesem Instrument. Platten von John Lee Hooker und Muddy Waters begleiteten ihn, er versuchte unermüdlich ihre Songs nachzuspielen. Wie Mick sang er mit, wenn Frank Sinatra oder Nat King Cole im Radio zu hören waren. Bald regten sich in ihm eigenständige und rebellische Seiten. In der Musik, besonders im Blues, lernte er seine jugendlichen Sehnsüchte und Enttäuschungen auszudrücken.

Mick wurde gegen Ende seiner Schulzeit aufmüpfiger und rebellischer. Er vertiefte sich in die dunkel anziehenden Gedichte von Baudelaire, Rimbaud und Blake. Daneben las er historische Biografien. Seine schulischen Leistungen ließen nach und es fiel auf, dass er mit anderen Dingen beschäftigt war. Als Basketballer spürte er seine Grenzen, er war zu klein und schmächtig und zog sich zurück. Seine Hoffnungen, einmal vermögend und einflussreich zu werden, gestand er offenherzig ein (Andersen, 1993). Er plante ein wirtschaftswissenschaftliches Studium an der renommierten London School of Economics. Zum Abschluss seiner Schulzeit hielt sein Direktor fest, dass er intellektuell zielgerichteter sei als erwartet und Durchhaltevermögen zeige, wenn ihn etwas interessiere. Er werde in seinen Bestrebungen Erfolg haben, aber es sei doch unwahrscheinlich, dass er in irgendeinem Bereich hervorragend werde.

Zu Beginn seiner College-Zeit wohnte Mick, wahrscheinlich aus finanziellen Gründen, zunächst noch zu Hause. Während seines Studiums an der Universität fühlte er sich jedoch der Enge Dartfords entfremdet. Er blieb aber weiterhin ein seiner Mutter gegenüber zugewandter und pflichtbewusster Sohn und trainierte auch weiterhin mit seinem Vater. Den Besäufnissen seiner Kommiliton*innen stand er skeptisch gegenüber und zog künstlerische Aktivitäten vor. Erotisch war er zurückhaltender, als es die späteren Auftritte ahnen lassen. Seine ersten sexuellen Erfahrungen sammelte er beim »Wanking«, dem Masturbieren im Kreise gleichaltriger Jungen. Eine erste flüchtige sexuelle Begegnung mit einer Frau soll er mit 18 erlebt haben und eine intensivere sexuelle Beziehung mit 19.

Als Mick nach einigen Jahren zufällig wieder mit Keith zusammentraf, hatte dieser schon den Ruf eines »Bad Boy«, während Mick immer noch das Image eines fleißigen Mittelklasse-Jugendlichen pflegte. Zur Begeisterung von Keith trug Mick die neueste LP von Chuck Berry unter dem Arm und dieser interessiert sich seinerseits für Keiths Gitarre. Eine Künstlerfreundschaft begann, die mit vielen Höhen und Tiefen nun schon über 60 Jahre anhält. Micks Ehrgeiz, Disziplin und Zielorientierung schienen sich mit Keiths Eigensinn, Unkonventionalität und Selbstverlorenheit ideal zu ergänzen. Sie bildeten den Kern der semiprofessionellen »Blue Boys« und entwickelten ihren eigenen Blues. Mit dem Rock-Klassiker *Around and Around* wagte Mick die ersten kurzen Auftritte. Diese waren noch etwas scheu und erfrischend unbeholfen. Es zeigte sich jedoch schon sein tänzerisches Talent, das später so viele begeistern und provozieren sollte. Er wählte sich nicht nur Chuck Berry und Little Richards zum Vorbild, sondern versuchte auch Marilyn Monroe zu imitieren und entwickelte einen ganz eigenen androgynen Stil. Im Alexis Korner's Jazz Club trafen Mick und Keith mit Bandmitglied Dick Taylor neben Jeff Beck, Eric Burdon und Eric Clapton auf Charlie Watts und Brian Jones. Mit den beiden Letzteren hoben sie wenig später die Rolling Stones aus der Taufe. Mick spielte aber auch immer noch mit Gedanken, eine journalistische oder politische Laufbahn einzuschlagen.

Im Juli 1962 verkündete *Jazz News* den ersten Auftritt der Rolling Stones mit Mick als Rhythm and Blues-Sänger. Mick versuchte seine bürgerliche Herkunft hinter sich zulassen und eignete sich einen Cockney-Patois-Akzent an. Er besuchte aber weiterhin die London School of Economics. Während Keith und Brian sich ganz ihrer Musik widmeten und einen chaotischen Lebensstil mit viel Alkohol, Zigaretten und zunehmend auch illegalen Drogen pflegten, blieb Mick disziplinierter. Möglichst viele sexuelle Kontakte forderten seinen Ehrgeiz heraus. Anita Pallenberg erzählte von Micks sexueller Unternehmungslust, die auch Männer einbezog. Sie musste es wissen, denn sie pflegte zu verschiedenen Zeiten sexuelle Beziehungen mit Jagger, Richards und Jones (Andersen, 1993). Die Bewältigung von depressiven und aggressiven Regungen in Text und Musik sowie die Selbstfindung im Rahmen von Bühnenauftritten und sexuellen Beziehungen wurden zu Jaggers entscheidenden Lebensinhalten. Er strebte nach Anerkennung, als Künstler und als Sexstar.

Musikalisch dem Rhythm and Blues verpflichtet, war thematisch die sexuelle Liebe Jaggers entscheidender Orientierungspunkt. Das begeisterte die jugendlichen Fans und erzürnte deren Eltern. Die Stones arbeiteten an ihrem rebellisch-unkonventionellen Image und taten alles, um nicht ähnliche Fehler wie die Beatles zu begehen. Es war durchgesickert, dass John Lennon verheiratet war und einen Sohn hatte. Auch sonst mussten die Beatles mit ihrem Ruf kämpfen, brave Jungs zu sein. Für die mediale Selbstinszenierung als wilde Rebellen verstärkten Jagger und die Stones ihr anstößiges Gebaren. Sie verschwiegen ihre disziplinierte Arbeit, um als spontan entstandene Original-Genies erscheinen zu können.

Jagger schien eine ideale Kombination aus Nähe und Distanz gefunden zu haben. Sein Publikum tanzte er offen sexuell an, um sich sogleich spielerisch zu verflüchtigen. Manchmal war er zartfühlend wie in *Lady Jane*, manchmal vulgär wie im nicht veröffentlichten *Cocksucker Blues*, offensichtlich eine attraktive Mischung. Das Publikum war gespalten: Manche erlebten die Mischung aus Sentimentalität und Provokation als befreiend, andere als abstoßend. Die zartfühlenden Seiten Jaggers wie in Songs wie *As Tears Go By* wurden zunehmend von seinen wilden Auftritten übertönt. Immer häufiger kam es bei Konzerten zu Tumulten, die mit erheblichen Sachschäden einhergingen. Jagger schien die

Energien von unterdrücktem Sex und politischer Wut bewusst zu nutzen, um sein Publikum zu elektrisieren. Sein unbändiger Aufstiegswille führte ihn gleichzeitig auch in aristokratische Kreise. Diese fanden das zunächst so Abstoßende plötzlich chic und er lernte sich in vornehmen Kreisen wohl zu benehmen. Er wusste auf der Klaviatur gesellschaftlicher Beziehungen erfolgsorientiert zu spielen. Christopher Sandford (2004) nennt ihn einen »Rebellischen Ritter« *(Rebel Knight)*. Später wurde Jagger tatsächlich geadelt.

In seinen Texten geht es allerdings auch um die Verarbeitung von Enttäuschungen und Niederlagen. Dies zeigen die etwa gleichzeitig entstandenen Songs *Play With Fire* und *The Last Time* sowie die späteren Lieder *Angie*, *No Expectations* und die originelle Version des Robert Johnson-Blues *Love in Vain*. Entgegen seiner öffentlichen Inszenierung als arroganter, bindungsloser und promiskuöser Frauenheld besingt Jagger darin das Unglück scheiternder Beziehungen. Aufgrund seines Talents, seines literarischen, musikalischen und tänzerischen Könnens, seiner Motivation und Energie sowie seiner reizoffenen, einerseits sozial bezogenen und andererseits egozentrischen Persönlichkeitszüge, die mit fördernden und fordernden Umgebungsbedingungen zusammenspielten, wurde Jagger ein unvergleichlicher Erfolg beschieden

Im Kontrast zu den medialen Inszenierungen seiner rebellischen Seiten sind sein außergewöhnlicher Fleiß und seine besondere Widerstandsfähigkeit hervorzuheben. Seine Aufführungen nimmt er alles andere als leicht und strebt bis ins hohe Alter danach, sich künstlerisch, wie Goethe sagen würde, zu »steigern«. Bis heute hält er sich durch Tanz und Musik, alte und neue Beziehungen am Leben. Immer wieder kehrt er zu seinen musikalischen und biografischen Wurzeln zurück, die er in Songs wie *19th Nervous Breakdown*, *Mothers Little Helper* und *Out of Time* Jahrzehnte zuvor besungen hat. Enttäuschung und Verzweiflung, Hass und Gewalt sind dabei zentrale Themen.

Im Gegensatz zu Lennon, der zum Beispiel in *Imagine* das Ideal einer friedlichen, von religiösen, nationalen sowie ökonomischen Konflikten befreiten Welt beschreibt, konfrontiert sich Jagger immer wieder wie in *Sympathy for the Devil* mit dem Bösen »in dir und mir«. Seine Texte verraten eine große Sensibilität für Enttäuschungen und Versagungen, aber auch für Wut, Hass und Gewalt. *We Love You* beginnt mit einer Erinnerung an das Trauma der Gefängnishaft und ist weniger naiv optimistisch als der Song *All You Need is Love* der Beatles. *Street Fighting Man* setzt sich offen mit hasserfüllter Gewaltbereitschaft auseinander. Persönlich blieb Jagger hingegen stabil, er fand in seinen Songs einen künstlerischen Ausdruck für seine Versagungen und entwickelte im Gegensatz zu seiner ungebundenen und schrillen Fassade einen konzentrierten Arbeitsstil. Die Botschaft, dass Kreativität Widerstandfähigkeit und Frustrationstoleranz verlangt, fasste er in seinem wunderbar instrumentierten Song *You Can't Always Get What You Want* zusammen.

Dementsprechend sah Jagger die mit dem Yogi Maharishi Mahesh verbundenen Heilsbotschaften und Welterlösungsfantasien kritischer als die Beatles. Dessen Auftritte verstand er, anders als Lennon und Harrison, eher als Zirkusnummern, denn als realistische Anleitungen zur Weltverbesserung. Er selbst wurde und wird noch heute zwar auch zur messianischen Ikone gehypt, hält jedoch immer Abstand zu seiner Rolle. Das unterscheidet ihn grundsätzlich von Lennon, der sich ernsthaft mit Jesus verglich, und Morrison, der sich tatsächlich von indianischen Geistern besessen wähnte. Wie Madonna spielt Jagger mit seiner Rolle, ohne mit ihr zu verschmelzen. Das macht die beiden nicht unbedingt sympathischer, schützt sie aber davor, im medialen Rummel ihren Realitätssinn zu verlieren. Der frühe Drogentod seines Gitarristen Jones sowie die zeitweise lebensbedrohliche Abhängigkeit von Richards machten ihn mehr als nachdenklich. Am meisten ging Jagger nach, dass sein Freund und Manager Andrew Loog Oldham seine Produktivität mit Drogen vollkommen zerstörte.

Als auch Faithfulls Drogenkonsum so gefährlich wurde, dass ihr Sohn, dem Jagger sehr zugetan war, nicht bei ihr leben konnte, etablierte sich Jagger mit seiner Disziplin und Zielgerichtetheit immer mehr in Englands High Society und unterstrich seine großbürgerlichen und aristokratischen Ansprüche durch den Erwerb eines prächtigen Landhauses. Gleichzeitig beschäftigte er sich weiterhin mit den dunklen Mächten des Lebens zum Beispiel in dem Album *Their Satanic Majesties Request* und dem Song *Jumpin Jack Flash*. Den Text soll Jagger in einer Stunde verfasst haben, der so flüchtig hingeworfen, so tiefsinnig und vielschichtig erscheint. Sowohl frühkindliche Erinnerungen als auch mythische Erfahrungen klingen an. Wahrscheinlich liegen der Komposition viele unbewusste Assoziationen zugrunde, die zu seiner Wirkung beitragen. Er lässt Micks Geburt während des Zweiten Weltkrieges anklingen: »Ich wurde in einem Kreuzfeuer-Hurrikan geboren«. Frühe Ängste und Schmerzen werden benannt: »Ich heulte meine Mutter im strömenden Regen an«. Schließlich die Befreiung durch persönliche Entwicklung, Musik und Tanz: »Doch jetzt ist alles gut, ich bin Jumpin' Jack Flash«.

In der zweiten Strophe werden kindliche Entbehrungen, Vernachlässigungen und Bestrafungen benannt, die der Sänger durch seine Vitalität und Kreativität bewältigen konnte: »Ich wurde von einer zahnlosen und bärtigen Vettel aufgezogen und geschult mit Striemen auf meinem Hinterteil [...] Doch jetzt ist alles gut, ich bin Jumpin' Jack Flash«. Die dritte Strophe erinnert an die wie Moses in einem Fluss ausgesetzten Königkinder des Alten Testaments: »Ich wurde ertränkt, an Land gespült und für tot gehalten. Ich fiel auf meine Füße und sah, dass sie bluteten«. Zum Schluss taucht ein Jesus Christus-Bild auf: »Ich wurde mit einem Dorn in meinem Kopf gekrönt«. Aber: »Es ist alles gut, ich bin Jumpin' Jack Flash«.

Die Figur des Jumping Jack verkörpert die unbändige Energie und Beweglichkeit, die Jagger über viele Klippen des Lebens hinweghalf. Diese Beweglichkeit zeigte sich immer wieder körperlich im Tanz und geistig in seiner poetischen Arbeit. In Songs wie *Brown Sugar* setzte er sich aktiv mit Hass und Gewalt auseinander und anlässlich seiner erotischen Beziehung mit einer Afroamerikanerin erinnerte er an die barbarische Sklaverei. Allerdings scheint er mit seinen Stones Hass und Gewalt nicht nur zu besingen, sondern diese auch, ähnlich wie Morrison, anzufachen. Bei beiden kam es während ihrer Auftritte immer wieder zu Aufruhr und Schlägereien. Jagger wies zwar die Propagierung politischer Gewaltanwendung, die die politischen Aktivist*innen der »Black Panther« von ihm forderten, zurück, doch wurden die Stones die Geister, die sie riefen, nicht mehr los. Die ganze Flut von tätlichen Auseinandersetzungen und Sachbeschädigungen fand einen Höhepunkt im Dezember 1969 im kalifornischen Altamont. Zwei Personen kamen schon im organisatorischen Chaos bei der Anfahrt zum Konzert ums Leben. Eine Person ertrank in einem Kanal und das Gebiet um den Auftrittsort wurde verwüstet. Schließlich wurde der Afroamerikaner Meredith Hunter von einem Hells Angel erstochen. Er soll vorher unter Drogeneinfluss eine Waffe gezogen haben.

Hier zeigt sich die destruktive Seite von Sex and Drugs and Rock 'n' Roll. In den Hippie-Kommunen ist es weniger friedlich zugegangen als es die Love and Peace-Songs erwarten ließen. Der 1968 gedrehte Kult-Film *Easy Rider* zeichnet ein zwiespältiges Bild der Sehnsucht nach ungebundener Selbstverwirklichung. Auch die Hippies sind von innen heraus gefährdet und nicht nur von außen durch reaktionäre Psychopath*innen. Die Drogenbewegung trug in sich selbst die Wurzeln zu Rücksichtslosigkeit und Gewalt. Jagger selbst schien jedoch geschützt zu sein gegen den zerstörerischen Sog der Drogen. Er fand und findet Halt und Struktur in seinen sexuellen Beziehungen und seiner künstlerischen Arbeit.

Auch politisch blieb Jagger doppelgesichtig. Während er seine Liebe zum kultivierten Bürgertum und zur Aristokratie pflegte, äußerte er andererseits, dass er Mao Tsetung und Wladimir Iljitsch Lenin bewundere. In seinen Beziehungen tanzte er auf mehreren Hochzeiten. Künstlerisch trat das Gewaltthema in den Vordergrund. Der Film *Performance*, der im Oktober 1969 erschien, wurde wegen seiner offenen provokativen Gewaltdarstellungen und sadomasochistischen Inszenierungen einerseits gepriesen. Die *New York Times* sprach von »dekorativer Dekadenz und lässiger Omnisexualität«. Andere fühlten sich jedoch abgestoßen von der ungezügelten Brutalität, und noch heute stellt sich die Frage, inwieweit die künstlerischen Gewaltinszenierungen Jaggers nicht nur der Bewältigung destruktiver Regungen dienten, sondern diese auch befeuerten.

Der Song *Midnight Rambler*, den die Stones seit 1969 immer wieder aufführen und variieren, geht auf die Bekenntnisse des als »Würger von Boston« bekannten Serienmörders und Vergewaltigers zurück. Obwohl man diesem Song keine Einladung zur Gewalt entnehmen kann, waren die Stones in dieser Zeit erheblichen Gefahren ausgesetzt. Fans brachten Messer und Feuerwaffen zu Konzerten mit und lieferten sich Straßenschlachten mit der Polizei. Groupies, die eine Berührung von Jagger erzwingen wollten, beängstigten ihn. Er fühlte sich von Kriminellen bedroht und trug einen Revolver. Aber auch in seinem Umfeld nahm die sexualisierte Gewalt zu und es zeigte sich, dass er nicht immer die Geister bannen konnte, die er gerufen hatte. Nach seiner extravaganten Feier zu seinem 29. Geburtstag verglich die renommierte Kolumnistin Harriet Van Horne in der *New York Post* vom 29. Juli 1972 das Spektakel mit einer altrömischen Orgie: Nero, Caligula und der Marquis de Sade hätten sich ganz zu Hause gefühlt. Die Journalistin dachte auch an den gewaltträchtigen Film *Clockwork Orange* und die Sekte um den satanischen Mörder Charles Manson.

Jagger antwortete mit disziplinierter künstlerischer Arbeit. Das 1973 erschienene Album *Goats Head Soup* wurde ein großer Erfolg. Besonders der raue Rocksong *Star Star*, Jagger wollte das Lied *Starfucker* nennen, erinnert an die frühen Jahre der Stones.

Der sexuell sehr direkte Text führte wieder einmal zu öffentlichen Kontroversen und die Bühnenversionen zeigten, wie ungehemmt sich Jagger weiterhin als Sexidol inszenierte. *Angie*, der erfolgreichste Song des Albums, schlägt aber sowohl musikalisch als auch textlich stillere Töne an: »Oh Angie, oh Angie, wann werden sich diese dunklen Wolken verziehen? [...] Ohne Liebe in unseren Seelen und ohne Geld in unseren Mänteln [...] Angie, Angie, aber wir können nicht sagen, wir hätten es nicht versucht«. *Angie* ist ein auch musikalisch berührender Blues über die Vergeblichkeit einer Liebe. Der Song greift das klassische Thema auf und der Sänger verdichtet seine Sehnsüchte und Enttäuschungen. Der Text ist wahrscheinlich inspiriert von Jaggers Beziehung mit David Bowie und dessen Frau Angela. Richards erwähnte als Hintergrund auch seine Tochter Angela. Aber letztlich verselbstständigt sich der Song von seinen Anlässen und lässt Stimmungen in seinen Hörer*innen anklingen, die ihre ganz eigenen Erfahrungen wecken und verarbeiten.

Während die bereits erwähnte Pallenberg immer mehr ihrer Heroinsucht verfiel, ihre Rivalin Bianca Jagger als »Fucking Bitch« öffentlich beschimpfte und Richards sich einer erneuten Entzugsbehandlung unterzog, vertiefte Mick Jagger seine Freund- und Liebschaft mit David Bowie. Der »Glitter Rock« und der androgyne Charme von Bowie entfalteten nicht nur beim Publikum, sondern auch bei Jagger eine große Anziehungskraft. Bianca Jagger musste diese Beziehung wie die ständigen anderen kleineren und auch größeren Affären hinnehmen. Eine seiner Geliebten, Bebe Buell, erzählte, dass Mick Jagger beständig seine sexuellen Grenzen austeste. Dabei scheint er aber nie die Kontrolle zu verlieren. Sex ist eher ein Weg, Macht über sich und andere zu gewinnen. In einem Interview äußerte er einmal, dass er keine sehr emotionale Person sei (Andersen, 1993, S. 302).

Zielgerichtet, geordnet und kontrolliert ging Jagger aber nicht nur mit sexuellen Affären um, sondern auch mit seinem Publikum und den Medien. Die Auftritte und medialen Inszenierungen wurden immer perfekter. Dennoch blieb er seinen Wurzeln im Rhythm and Blues und Rock 'n' Roll treu. Entgegen seiner früheren Ankündigung, sich mit 33 Jahren aus dem Rock 'n' Roll-Zirkus zurückzuziehen, hielt er die Zügel der Stones weiter fest in der Hand. Das Album *Black and Blue* erschien im April 1975 und enthält neben harten Rocksongs wie *Hot Stuff* auch wieder nachdenklich stimmende Balladen wie *Fool to Cry*. Jagger, der den Song im Trailer am Klavier begleitet, besingt die Niedergeschlagenheit eines Arbeiters, der abends von seiner Tochter getröstet wird. Offensichtlich hatte Jagger, trotz allen Glamours, das Gespür für die traurigen Seiten des alltäglichen Lebens nicht verloren. Auch die Kritik an den sozialen Entbehrungen der Arbeiterklasse ist unüberhörbar.

In seine Rückzugsorte, zum Beispiel ein von Andy Warhol gemietetes Anwesen auf Long Island, lud Jagger neben den Berühmtheiten der Popkultur auch immer wieder seine Eltern ein. Er kümmerte sich auch sonst um Mutter und Vater und erwarb für sie ein Haus an der Küste der englischen Grafschaft Kent. Dort betreuten sie öfter seine Tochter Jade, der er sich selbst kaum widmen konnte und wollte. Versöhnungsversuche mit Bianca Jagger blieben halbherzig, gemeinsame Ferien konnten das tiefe Zerwürfnis und die verbitterte Abneigung nicht beheben. In freien Zeiten zog Jagger das glamouröse Partyleben mit ständig wechselnden Partnerinnen vor. Dann konsumierte er auch Drogen und soll auch einmal wegen einer Überdosis notfallmäßig behandelt worden sein. Gleichwohl behält er die Kontrolle und ist sehr auf den medialen Glanz bedacht. Was hinter den Kulissen passiert, wissen wir nicht. Dass viele aus seiner Umgebung an Drogen zugrunde gingen oder wie Rudolf Nurejew an Aids starben, ist wahrscheinlich nur die Spitze des Eisbergs. Das meiste der körperlichen und seelischen Verletzungen bleibt wohl unterhalb der öffentlichen Wahrnehmungsschwelle und wurde in seinem Ausmaß allenfalls Ärzt*innen, Psychotherapeut*innen und Berater*innen enthüllt.

Das wilde Leben hinterließ auch bei dem so gesundheitsbewussten Jagger seine Spuren, sein Gesicht war schon mit Mitte 30 ungewöhnlich faltig und seine Zähne waren schlecht. Während sein Freund Richards immer tiefer in seine Heroinsucht abglitt, hielt sich Jagger mit Sport, Tanz und Gesang fit und seinem gewohnten Hausmittel: Sex. Viele Affären wurden medial inszeniert und ausgeschmückt. Das texanische Fotomodell Jerry Faye Hall, die mit ihrer Körperlänge von über 1,80 Meter Jagger um fast einen Kopf überragt, wusste ihre Sexualität wirksam in Szene zu setzen. Befragt, was sie und Mick zusammenbrachte, antwortet sie offenherzig, dass es Sex war, was sonst?

Der Song *Some Girls*, der im Juni 1978 erschien, beschreibt spöttisch und selbstironisch erotische Eskapaden. Musikalisch wird der von vielen als politisch inkorrekt und sexistisch angesehene Text von gewohnten Rock 'n' Roll-Rhythmen und -Harmonien, aber auch von Punk- und Funk-Elementen getragen. Die Stones fanden damit Anschluss an die damaligen Tendenzen. Auf dem gleichen Album finden sich in starkem Kontrast zu diesem höchst provokanten Song wiederum sanfte und sehnsuchtsvolle Töne, zum Beispiel in *Miss You*. Der Text des Songs drückt seine Ambivalenz zwischen Bindung und Leidenschaft aus. So verträgt sich Jaggers Streben nach einer stabilen Beziehung schlecht mit seinem Bedürfnis nach ungebundenem Sex.

Gegenüber Drogen wurde er immer skeptischer. Zu viele Konsument*innen in seinem Umfeld waren schon in jungen Jahren an Marihuana, Amphetaminen, Kokain und Heroin zugrunde gegangen. Auch die durch Drogen bedingten tödlichen Unfälle und Gewalttaten in seinem Umfeld stimmten ihn nachdenklich. In einem Interview mit dem Journal *High Times* äußerte er, dass es schrecklich sei, wenn man junge Leute ermutige, Drogen zu nehmen. Er selbst schien zwar gelegentlich Marihuana zu rauchen und Kokain zu schnupfen, blieb jedoch in seiner kreativen Arbeit und in seinen Geschäften konzentriert und zielgerichtet. Die Vermehrung seines Reichtums verlangte nüchterne

Kalkulationen. Mitunter beschwerten sich seine Angestellten darüber, wie akribisch Jagger seine Kontrollen ausübte.

Die Ausarbeitung seiner musikalischen Einfälle vermittelte Jagger weiterhin Halt und Sicherheit. Hier konnte er sich selbst finden und verwirklichen. Im Juni 1980 erschien das Album *Emotional Rescue*. Es enthält wieder einmal viel Liebeslyrik, die gekonnt musikalisch umgesetzt wurde. Manche halten diese Songs für banal und selbstgefällig. Sie übersehen, dass sie auch zaghaft sehnsüchtige Gefühle ausdrücken. Der Titelsong *Emotional Rescue* zeigt jedoch eine andere Seite. Der Text beschreibt provokant die Verführung zum Sex. Nicht ganz so aufdringlich wie der Song *Star Star*, doch arrogant genug, um sich ärgerlich abzuwenden. Die grellrote und weit herausgestreckte Zunge wurde ein Markenzeichen Jaggers. Mit einem eigentümlichen Genuss ließ sich sein Publikum gefangen nehmen und gleichzeitig abstoßen.

Doch *Emotional Rescue* enthält neben sexuell erregenden Songs auch wieder politisch nachdenklich stimmende Balladen wie *Indian Girl*, die das Elend eines indigenen Mädchens und ihrer Eltern in Nicaragua besingt. Der Text schildert die verzweifelte Situation der Bevölkerung im Bürgerkrieg in Nicaragua, in dem linke Rebell*innen die von den USA unterstützte Diktatur bekämpften. Das Mädchen und seine Mutter sind am Verhungern, während der Vater weit entfernt in Angola mit den kubanischen Truppen kämpft. Auch musikalisch ist der Song berührend. Er enthält Elemente der nordamerikanischen Countrymusik, begleitet von mittelamerikanischen Rhythmusinstrumenten und einem Klavier. Er zeigt, wie sich Jagger musikalisch weiterentwickelt hat. Es wurde immer deutlicher, dass er nicht nur ein schillernder Performer, ein zielgerichteter Geschäftsmann und ein Sexidol war, sondern auch ein ernsthafter Künstler. Er ließ sich auf neue musikalische Formen ein und arbeitete an der Qualität seiner Auftritte. Seine Stimme blieb elastisch, er wechselte leicht die Register und besonders die Kopfstimme behielt eine jugendliche Frische und Klarheit.

Insgesamt schien Jagger in dieser Lebensphase sein Älterwerden zu akzeptieren und nicht mehr den jugendlichen Rebellen spielen zu müssen. Dazu gehörte auch sein tägliches Fitnessprogramm mit Zehn-Kilometer-Läufen, Gewichtheben und dem von seinem Vater erlernten Calisthenics. Das alles half ihm, sein Idealgewicht zu halten und zwei- bis dreistündige Auftritte in ständiger Bewegung durchzustehen. Zunehmend verzichtete er gänzlich auf Alkohol und Drogen. Als Jagger 40 Jahre alt wurde, erschienen in der Presse seriöse Würdigungen seines Lebens und Wirkens. Der Kopf der Rockband *The Who*, Pete Townshend, publizierte in der *Londoner Times* einen umfassenden Artikel. Er lobte Jaggers Musik und Bühnendarstellungen, seine Schönheit und androgyne Attraktivität. In eine rhetorische Frage versteckt beschäftigten ihn aber auch die dunklen Seiten: War Jagger auch ein »rücksichtloses, hinterhältiges, doppelzüngiges, intrigantes, böswilliges, geldgieriges, sexbesessenes, feiges, eitles, machthungriges Schwein?« (Townshend, 1983).

Jaggers Texte beschäftigten sich zunehmend mit Hass und Gewalt. Sein Ende 1983 erschienenes Album *Undercover* enthält mit *Too much Blood* einen geradezu blutrünstigen Song. Begleitet von heiterer Discomusik besingt er einen Horrorfilm über ein Kettensägenmassaker und einen kannibalistischen Mord, von dem die Stones während ihrer Studioaufnahmen in Paris erfuhren. Der Text setzt sich mit der in den Medien ständig präsentierten Gewalt auseinander. Er spielt auch auf die Perversionen einer sich zunehmend verbreitenden Spaßkultur an. Insgesamt rührt er an die Frage, inwieweit die mediale Darstellung helfen kann, Gewalt zu bekämpfen, oder diese eher inspiriert.

Nachdem sich Jagger und Richards vorübergehend getrennt hatten, leitete die Nominierung für die *Hall of Fame* eine Versöhnung ein. Richards war nach einigen Drogenentzugsbehandlungen wieder arbeitsfähig und seine stabile Ehe sowie die Kinder gaben ihm Halt. Die Stones produzierten das Album *Steel Wheels*, das im September 1989 erschien. Es ist eines der erfolgreichsten

Alben der Stones. Jagger sorgte mit seiner geschäftlichen Hartnäckigkeit auch dafür, dass die entsprechende Tour seinen Reichtum erheblich vermehrte. Währenddessen mischte er sich mit seinen Songs in die große Politik ein. So kritisierte er zum Beispiel den ersten Golfkrieg in seinem Song *High Wire* und griff die Arroganz der westlichen Welt an.

Jagger hatte mit 50 Jahren eigentlich alles ihm Mögliche erreicht: Er war eine international berühmte – und auch berüchtigte – Gestalt im kulturellen und gesellschaftlichen Leben. Er wurde von vielen bewundert und geliebt, von wenigen verachtet und gehasst. Millionen schätzten seine Musik und ließen sich von seinen Auftritten begeistern. Dabei hatte er sich persönlich ständig weiterentwickelt. Vom munteren Kind zum fleißigen und sportlichen Schüler zu einem rebellischen Adoleszenten, der aber nie die Bindung zu seiner Herkunft verlor, und später zu einem diszipliniert arbeitenden Erwachsenen. Vom wilden Blues- und Rockmusiker zum Verfasser anspruchsvoller Texte. Vom Leader einer kleinen Band zum Organisator komplexer Bühnenshows. Vom rebellischen Sänger zur schillernden Popikone. Dabei entwickelte er ein anziehendes Doppelgesicht: Genusssüchtiger Libertin und konzentrierter Arbeiter, rauer Draufgänger und zärtlicher Liebhaber.

Wie sein weibliches Gegenüber Madonna kann er mit vielen Rollen spielen. Er provoziert und besänftigt, regt auf und beruhigt, ist in ständiger Bewegung und sorgt sich um seine Stabilität. Beide Popikonen ähneln sich in ihrer Disziplin, ihrem Fleiß und ihrer Zielorientierung. In ihren ständigen Verwandlungen sind sie fähig, bei sich zu bleiben. Sie können ihre Aktivitäten nutzen, um sich selbst zu finden und sich selbst zu bilden. Dabei treiben sie ihre Widersprüche auf die Spitze: Die Nonnenschülerin, die später blasphemisch religiöse Symbole sexualisiert; der satanisch erscheinende Sexstar und antikapitalistische Rebell, der in das Großbürgertum aufsteigt und 2002 geadelt wurde.

Dabei bleibt sich Jagger seiner Grenzen bewusst, er weiß, was er mit Begabung, Können, Motivation, Widerstandsfähigkeit und günstigen Umgebungen bis ins hohe Alter erreichen kann und was nicht. So engagiert er in seinen späten Konzerten immer wieder exzellente Musiker*innen, die seine Auftritte, wie zum Beispiel in Havanna 2016, zu Festen der Freude frei von Hass und Gewalt werden lassen.

Konsequenzen für eine kreative Lebensgestaltung

Aus dem Gesagten können wir Konsequenzen für eine kreative Lebensgestaltung ziehen. Kindheit und Jugend sowie Alltags- und politische Kreativität sollen besonders betrachtet werden. Die fünf Dimensionen der Kreativität und die Phasen des kreativen Prozesses können hierbei wiederum als Leitfaden dienen.

Kindheit und Jugend

Jedes Kind ist kreativ. Schon Säuglinge verarbeiten Reize aus dem Köperinneren und der Außenwelt aktiv. Obwohl dies ganz überwiegend unbewusst geschieht, ist es nicht übertrieben, festzustellen, dass Kinder von Beginn an ihre eigene Welt »komponieren«. In einem ständigen Wachstums- und Bildungsprozess entwickeln sie sich körperlich, psychisch und kulturell. Dabei sind sie einerseits allgemeinen biologischen, psychischen und sozialen Gesetzmäßigkeiten unterworfen und andererseits immer einzigartig und originell. In ihrer Entwicklung sind sie wahrscheinlich schon intrauterin Spannungen und Vorformen von Unlustgefühlen ausgesetzt. Der erste Schrei ist ein Schmerzensschrei und kein Freudengesang. Sensible Betreuungspersonen spüren dies und helfen, durch Berühren, Wiegen, Nähren, zugewandte Blicke und beschwichtigende Töne die Spannungen des werdenden Selbst zu mildern. Zunehmend lernen Kinder sich selbst durch Berührung, Bewegung, Blicke und Töne zu beruhigen. Dabei bleiben sie aber auf die Resonanz ihrer

Umgebungspersonen angewiesen. Ihre Eltern, Geschwister und Betreuende helfen ihnen, ihre angeborenen grundlegenden Begabungen zu entwickeln: Sehen, Hören, Schmecken, Tasten, Fühlen, Bewegen. Diese Talente ermöglichen es Kindern, chaotische Erregungen und quälende Spannungen zu gestalten und damit erträglich zu machen. Aus dieser alltäglichen Kreativität entwickeln sich später Gestaltungen, die wir als außergewöhnlich erleben und als kreativ im engeren Sinne des Neuen und Originellen bezeichnen.

Es ist eine jahrtausendealte Frage, wie weit man in den individuellen Bildungsprozess einwirken sollte. Spätestens seit der Achsenzeit um 500 v. Chr. finden wir Konzepte, die eher die pädagogische Disziplin in den Vordergrund stellen oder eher die autonome Entwicklung. Stehen in der Konfuzianischen Pädagogik Unterweisung und diszipliniertes Lernen im Vordergrund, werden in dem sich etwa gleichzeitig entstehenden Buddhismus eher das Wachsen- und Geschehenlassen betont. Zur selben Zeit entstehen im alten Griechenland Vorstellungen, die von einem immerwährenden Wechselspiel zwischen strukturierter Bildung und freier Entfaltung künden. Diese Dialektik muss jede Gesellschaft, jede Familie und jedes Individuum immer wieder und im Rückgriff auf traditionelle Formen neu gestalten.

Somit gibt es für die Förderung von Begabungen keine allgemeingültigen Regeln. Allerdings wissen wir, dass man Talente nicht züchten, sondern nur entdecken kann. Deswegen ist es so notwendig, Kindern möglichst viele Materialien zur Verfügung zu stellen, an denen sie sich erproben können. Allen Kindern sollte in Kita, Grund- und weiterführenden Schulen ein breites Angebot von Kulturtechniken bereitgestellt werden. Die sich hierbei zeigenden Interessen und Neigungen müssen aber auch gesehen und beantwortet werden. Insofern sollten Pädagog*innen neben Empathie, Interesse und sozialer Intelligenz auch über fachliche Kompetenz verfügen. Wenn Kinder im Rahmen ihrer vielfältigen kulturellen Aktivitäten besondere Talente zeigen, benötigen sie gezielte Förderung. Dies beginnt mit dem Erwerb des notwendigen Wissens und Könnens, der ohne kompetente Anleitung nicht möglich ist. Dazu gehört auch, mit Hindernissen und Frustrationen umgehen zu lernen, d. h. resilient die eigene Motivation umzusetzen. Schließlich sind fördernde und auch fordernde Umgebungen notwendig, die individuellen Persönlichkeitseigenschaften produktiv ins Spiel zu bringen.

All dies ermöglicht Kindern, ihre frühen Spannungen und Erregungen und späteren Enttäuschungen, die bis zur Verzweiflung gehen können, zu bewältigen. Auch Wutgefühle überfallen die meisten Kinder. Es hängt von ihrer kreativen Entwicklung ab, ob sie diese produktiv nutzen können oder ob sich diese zu Hass und Gewalt steigern werden.

Alltags- und politische Kreativität

In Schule, Ausbildung, Studium und Beruf lernen wir unsere Begabungen, Wissen und Können, Motivation und Persönlichkeit in einer hoffentlich günstigen Umgebung auszuleben. Dies ist immer auch mit schmerzlichem Verzicht und Enttäuschung verbunden. Für unsere Aktivität und Resilienz werden wir nicht nur persönlich belohnt, sondern auch entschädigt durch das Gefühl, etwas Sinnvolles zum Gemeinwesen beizutragen. Dieses Gefühl ist kein schöner Luxus, sondern lebensnotwendig. Wir wissen, dass die Überzeugung, selbst etwas Sinnvolles beitragen zu können, nicht nur die Lebensfreude steigert, sondern auch ein salutogenetisches, d. h. gesundheitsbildendes Prinzip darstellt. Dazu gehört, dass die alltägliche Arbeit eingebettet ist in eine kultivierte Lebensgestaltung. Sigmund Freud (1933b) fasst in seinem bereits zitierten Brief an Albert Einstein eine lange Ideengeschichte zusammen, wenn er feststellt, dass wir alle konstruktiv erotische und destruktiv aggressive Regungen aktiv gestalten müssen, um sie sinnvoll bewältigen zu können. In dieser Kulturentwicklung sieht er den einzigen Weg zum friedlichen Zusammenleben der Menschen. Dazu tragen natürlich auch die großen

Kunstwerke bei. Allerdings ist es nicht immer leicht zu entscheiden, welche kulturelle Gestaltungen von Verzweiflung, Hass und Gewalt zu konstruktiver Bewältigung führen und welche Inszenierungen auch destruktiv wirken.

Das Doppelgesicht der »Kreativität zwischen Schöpfung und Zerstörung« zeigt sich auch in den individuellen Lebensgeschichten der Künstler*innen. Die einen können ihre erotischen und aggressiven Impulse künstlerisch gestalten, andere verbrennen im Feuer ihrer schöpferischen Bestrebungen. Offensichtlich ist kreative Intelligenz notwendig, um neue und brauchbare Ideen zu finden, die nicht nur auf individuelle Selbstverwirklichung ausgerichtet sind, sondern auch auf »Common Goods«. Herausforderungen wie den Klimawandel, Wasser- und Luftverschmutzung, Massenvernichtungswaffen, Pandemien und Kriege kann man nur durch eine kreative Diskursethik bewältigen.

Ethisch-moralische Kreativität ist ein notwendiges Korrektiv gegen illusorische und sich selbst überschätzende Technikgläubigkeit. Manche glauben immer noch, dass der technische Fortschritt die Welt retten könnte. Dabei ist gegenüber der technischen Intelligenz das kulturelle Gedächtnis so unendlich viel reichhaltiger. In Umgangsweisen, Sprachen, Musiken, Architekturen und Bildern verkörpert sich eine kulturelle Evolution, die wir benötigen, um uns in uns selbst und in der Welt zurechtzufinden.

Eine liberale Demokratie lebt davon, dass die Suche nach dem Guten, Wahren und Schönen immer mit öffentlichen Auseinandersetzungen verbunden ist. Politische Kreativität lebt von der Urteilskraft, dem Verantwortungsbewusstsein und der Fähigkeit, sich kreativ den Aufgaben der Gegenwart und Zukunft zu stellen. Dabei darf nicht vergessen werden, dass sich Kreativität in Kunst und Wissenschaft, alltäglicher Lebensgestaltung und Politik erheblich unterscheiden.

Schaffen Künstler*innen aus oft unbewussten Motiven und mitunter chaotischen Impulsen in freier Originalität, so müssen Politiker*innen, zumindest in demokratischen Gesellschaften, ihre persönlichen Emotionen und Inspirationen auch zurückstellen können. Sie müssen die Interessen vieler anderer wahrnehmen und ausgleichen. Dies lässt sie zumeist weniger charismatisch erscheinen als Künstler*innen, aber sich intelligent und respektvoll unterzuordnen, begründet einen großen Teil ihrer politischen Kreativität.

Vorwiegend ich-bezügliche, unabhängige und souveräne politische »Genies« haben in der Geschichte großes Unheil gestiftet. Dennoch lebt auch eine demokratische Gesellschaft von Künstler*innen, die uns mit ihren Werken neue Perspektiven und Handlungsmöglichkeiten eröffnen. Sie können helfen, die in Natur und Kultur verborgenen schöpferischen Potenziale zu entdecken. Dabei sollten sie nicht über die in Menschen wirksamen Zerstörungskräfte hinwegtäuschen, sondern zu ihrer Bewältigung beitragen. Rückfälle in die Barbarei drohen immer und erstarrt sind wir immer wieder Zeug*innen, wie kriegslüsterne Diktatoren ohne jede menschliche Regung den Tod von lebensfrohen und hoffnungsvollen Menschen herbeiführen. Lebendige Gefühle scheinen auch aus ihren Befehlsempfänger*innen gewichen zu sein, ohne jedes Mitleid für die unvorstellbaren Grausamkeiten, die ihre Opfer erwarten, nehmen sie die apokalyptischen Ankündigungen der Führer auf und exekutieren ihre Befehle. Mit perfider Bosheit führt die Verzweiflung über die eigene Begrenztheit und Sterblichkeit zu hasserfüllten und gewalttätigen Angriffen auf das Leben selbst und jegliche Kreativität.

Es bleibt die Hoffnung, dass wir durch alltagskreative Nächstenliebe und politische Achtsamkeit sowie berufliche, wissenschaftliche und künstlerische Arbeit etwas zur Bewältigung des individuellen und gesellschaftlichen Destruktionspotenzials beitragen können. Die afroamerikanische Dichterin Amanda Gorman gab uns mit ihrer »Hymne des Schmerzes«[6], aus der

6 Amanda Gorman, *Hymn fort he Hurting*, in *The New York Times*, 27. Mai 2022 (https://www.nytimes.com/2022/05/27/opinion/amanda-gorman-uvalde-poem.html).

das Eingangsmotto dieses Buches entnommen ist, unlängst eine schöne poetische Zusammenfassung dieser Hoffnung.

> Thus while hate cannot be terminated
> It *can* be transformed
> Into a love that lets us live.

Quellen

Amy. The Girl Behind the Name (2015). Sunray Films.

Andersen, C. (1993). *Jagger. Unauthorized*. Bantam.

Arnim, Bettina von (1835). *Tagebuch*. Dümmler.

Assmann, J. (2019). *Achsenzeit. Eine Archäologie der Moderne*. C. H. Beck.

Csíkszentmihályi, M. (1996). *Creativity: Flow and the psychology of discovery and invention*. Harper Perennial.

Curie, E. (1983). *Madame Curie. Eine Biographie*. Fischer.

Doggett, P (2009). *You Never Give Me Your Money: The Battle for the Soul of the Beatles*. Random House.

Fest, J. (2002 [1973]). *Hitler: Eine Biographie* (4. Aufl.). Propyläen.

Fox, J. (2010). *Keith Richards*. Weidenfels & Nicolson.

Freud, S. (1920g). *Jenseits des Lustprinzips. GW XIII*, 1–69.

Freud, S. (1933b [1932]). *Warum Krieg? GW XVI*, 13–27.

Gardner, H. (1983). *Abschied vom IQ. Die Rahmen-Theorie der vielfachen Intelligenzen*. Klett-Cotta.

Goethe, J.W. von (1981). *Gesammelte Werke* (HA, Hamburger Ausgabe). C. H. Beck.

Goethe, J.W. von (1985–1999). *Sämtliche Werke*. (FA, Frankfurter Ausgabe). Deutscher Klassiker Verlag.

Gohr, S. (2006). *Pablo Picasso. Leben und Werk*. DuMont.

Goldsmith, B. (2005). *Obsessive Genius: The Inner World of Marie Curie*. Norton & Co.

Gorman, A. (2021). *The Hills We Climb*. https://indianexpress.com/article/books-and-literature/amanda-gorman-full-poem-7155406

Gorman, A. (2022). *Hymn for the Hurting. New York Times*, 27. Mai 2022.

Hegel, G.W.F. (1952 [1807]). *Phänomenologie des Geistes*. Meiner.

Hesiod (1999). *Theogonie*. Reclam.

Holm-Hadulla, R.M. (1997). *Die psychotherapeutische Kunst*. Vandenhoeck & Ruprecht.

Holm-Hadulla, R.M. (2010). *Kreativität. Konzept und Lebensstil* (3., erg. Aufl.). Vandenhoeck & Ruprecht.

Holm-Hadulla, R.M. (2011). *Kreativität zwischen Schöpfung und Zerstörung*. Vandenhoeck & Ruprecht.

Holm-Hadulla, R.M. (2013). The Dialectic of Creativity: Towards an Integration of Neurobiological, Psychological, Socio-Cultural and Practical Aspects of the Creative Process. *Creativity Research Journal, 25*(3), 1–7.

Holm-Hadulla, R.M. (2017). Cannabis, ein harmloses Genussmittel? Die Verleugnung körperlicher, psychischer und sozialer Risiken in Werbung und populären Medien. In G. Duttge, R.M. Holm-Hadulla, J.L. Müller & M. Steuer (Hg.), *Verantwortungsvoller Umgang mit Cannabis* (S. 13–26). Universitätsverlag Göttingen.

Holm-Hadulla, R.M. (2019a). *Leidenschaft: Goethes Weg zur Kreativität* (3. Aufl.). Vandenhoeck & Ruprecht.

Holm-Hadulla, R.M. (2019b). Sympathy for the Devil. The Creative Transformation of the Evil. *Journal of Genius and Eminence, 5*(1), 1–11.

Holm-Hadulla, R.M. (2020). Creativity and Positive Psychology in Psychotherapy. *International Review of Psychiatry, 32*(7–8), 616–624.

Holm-Hadulla, R.M. (2021). *Integrative Psychotherapie* (2. Aufl.). Psychosozial-Verlag.

Holm-Hadulla, R.M. & Bertolino, A. (2014). Creativity, Alcohol and Drug Abuse: The Pop-Icon Jim Morrison. *Psychopathology, 47*(3), 167–173.

Holm-Hadulla, R.M. & Draguhn, A. (2015). *Die vielen Gesichter der Depression*. Universitätsverlag Winter.

Holm-Hadulla, R.M. & Koutsoukou-Argyraki, A. (2017). Bipolar Disorder and/or Creative Bipolarity: Robert Schumann's Exemplary Psychopathology. *Psychopathology, 50*(6), 379–388.

Holm-Hadulla, R.M. & Wendt, A.N. (2020). Dialectical Thinking. Further Contributions to Creativity. In M. Runco & S. Pritzker (Hg.), *Encyclopedia of Creativity* (S. 332–338). Elsevier.

Hopkins, J. & Sugerman, D. (1980). *No one here gets out alive*. Plexus.

Jaspers, K. (1949). *Vom Ursprung und Ziel der Geschichte*. Piper.

Klibansky, R., Panofsky, E. & Saxl, F. (1992 [1964]). *Saturn und Melancholie*. Suhrkamp.

Knechtges-Obrecht, I. (2019). *Clara Schumann. Ein Leben für die Musik*. wbg.

Konfuzius (2005). *Gespräche*. C.H.Beck.

Lennon, J. (2000). *John Lennon/Plastic Ono Band*. EMI Records.

Lennon, J. (2010). *Imagine*. EMI Records.

Litzmann, B. (2019). *Clara Schumann. Ein Künstlerleben*. Severus.

Ludwig, A.M. (2018). Creative Achievement and Psychopathology: Comparison among Professions. *The American Journal of Psychotherapy, 46*(3), 330–354.

Madonna (2017). *Rebel Heart Tour*. Eagle Rock Entertainment.

Mann, T. (1974 [1939]). Bruder Hitler. In *Gesammelte Werke*. Fischer.

Melograni, P. (2005). *Wolfgang Amadeus Mozart. Eine Biografie*. Siedler.

Morrison, J. (1971 [1969]). *The Lords and The New Creatures*. Simon & Schuster [ursprünglich zwei separate Publikationen].

Morrison, J. & The Doors (1992). *Die kompletten Songtexte*. Hrsg. u. eing. v. D. Sugermann. Schirmer/Mosel.
Newkey-Burden, C. (2011). *Amy Winehouse. The Biography*. Blake.
Nietzsche, F. (1988 [1886]). *Jenseits von Gut und Böse*. In *Sämtliche Werke, Bd. VI*. Hrsg. v. G. Colli & M. Montinari. dtv.
Norman, P. (2008). *John Lennon. Die Biographie*. Droemer Knaur.
O'Brien, L. (2008). *Madonna. Like an Icon. Die Biographie*. Goldmann.
Platon (1985). *Der Staat (Politeia)*. Übers. v. K. Vretska. Reclam.
Quinn, S. (1999). *Marie Curie. Eine Biographie*. Insel.
Richards, K. (2010). *Life*. Orion House.
Rilke, R. M. (1987). *Gedichte*. Suhrkamp.
Riordan, J. & Prochnicky, J. (1991). *Break on through. The life and death of Jim Morrison*. Morrow & Co.
Runco, M. A. (2014). *Creativity: Theories and themes: Research, development, and practice* (2. Aufl.). Elsevier.
Sandford, C. (2004). *Mick Jagger: Rebel Knight*. Omnibus Press.
Scorsese, M. (2006). *Shine a Light: The Rolling Stones*. Art House.
Shakespeare, W. (1995). *Ein Sommernachtstraum*. Übers. v. F. Günter. dtv.
Stone, O. (1991). *The Doors*. Kinowelt Entertainment.
Sugerman, D. (1992). *Jim Morrison and The Doors*. Schirmer.
The Beatles (1993). *1962–1970*. EMI Records.
The Rolling Stones (1981). *The Rolling Stones Complete*. EMI Music.
The Rolling Stones (2016). *Havanna Moon*. Eagle Rock.
Townshend, P. (1983). Jagger: A Butterfly Reaches 40. *The London Times*, 25.07.1983.
WHO (2018). *More Active People for a Healthier World*. WHO.
Widiger, T. A. & Crego, C. (2019). The Five Factor Model of personality structure. *World Psychiatry, 18*(3), 271–272.
Winehouse, A. (2006). *Back to black*. Universal Island Records.
Winnicott, D. W. (1989). *Psychoanalytic Explorations*. Karnac.
Wirth, H.-J. (2022). *Gefühle machen Politik*. Psychosozial-Verlag.

Personenregister

Hans-Jürgen Wirth

Gefühle machen Politik

Populismus, Ressentiments und die Chancen der Verletzlichkeit

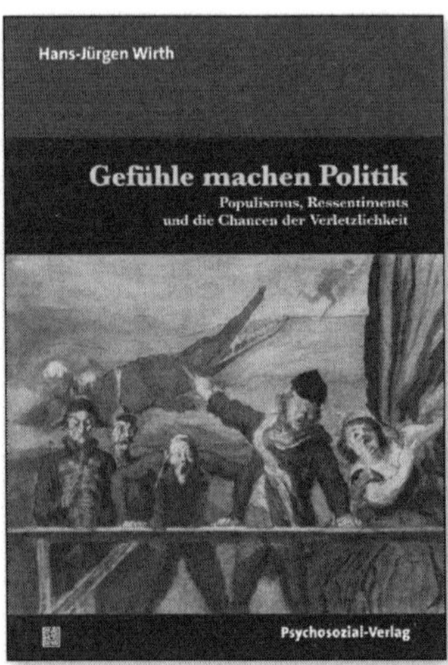

2022 · 336 Seiten · Broschur
ISBN 978-3-8379-3151-8

Gefühle als Form der politischen Auseinandersetzung erkennen und verstehen!

Gefühle haben großen Einfluss auf unser Handeln. Sie dienen als Motivationskraft und stiften in kollektiv geteilter Form Beziehung und Nähe zu anderen Menschen oder dienen der Abgrenzung von feindlichen Gruppen. Gefühle haben die Aufgabe, zu *erkennen*, was auf uns einwirkt, *auszudrücken*, was wir empfinden, und zu *bewerten*, was wir erkannt haben.

In der Politik und in anderen gesellschaftlichen Zusammenhängen spielen Gefühle deshalb eine zentrale Rolle: Der affektive Furor, den der Populismus entfacht, bündelt ohnmächtige Wut, blinden Hass, Neid, Verbitterung und Rachewünsche zu Ressentiments, die das soziale Zusammenleben vergiften. Gefühle, die an der menschlichen Verletzbarkeit anknüpfen, wie etwa Besorgnis, Trauer, Mitleid, Empathie und Hoffnung, eröffnen hingegen die Chance auf alternative Perspektiven. An zahlreichen Beispielen aus aktuellen politischen Auseinandersetzungen erläutert der Autor, wie Gefühle politisches Handeln beeinflussen und wie mit Gefühlen Politik gemacht wird.

Walltorstr. 10 · 35390 Gießen · Tel. 0641-969978-18 · Fax 0641-969978-19
bestellung@psychosozial-verlag.de · www.psychosozial-verlag.de